अद्भुत व्यक्तित्व
अरविंद केजरीवाल

लेखक

अरविंद मोहन द्विवेदी

संपादिका

श्रीमती रेणु चन्द्रा

डायमंड बुक्स

www.diamondbook.in

प्रकाशक : डायमंड पॉकेट बुक्स (प्रा.) लि.
X-30 ओखला इंडस्ट्रियल एरिया, फेज-II
नई दिल्ली-110020
फोन : 011-40712200
ई-मेल : wecare@diamondbooks.in
वेबसाइट : www.diamondbooks.in
संस्करण : 2025
मुद्रक : रेप्रो (इंडिया)

Adbhut Vyaktitva Arvind Kejriwal
By : Arvind Mohan Dwivedi

प्रकाशकीय

रात चाहे जितनी भी काली और भयावह हो, उसके अस्तित्व को मिटाने के लिए मात्र एक तारे की टिमटिमाहट ही पर्याप्त होती है। उस एक तारे की चमक अंधेरी रात से हमारे हृदय में व्याप्त भय को सहज ही दूर कर देती है। जय शंकर प्रसाद की पंक्तियाँ इस प्रसंग में सटीक बैठती हैं

दुःख की पिछली रजनी बीत
विकसता सुख का नवल प्रभात।

छिपाए है जिसमें सुखगात॥

एक ऐसे ही तारे ने भ्रष्टाचार और अनाचार से भरे वातावरण को सच्चाई और सदाचार रूपी चमक से प्रकाशित कर दिया। यह तारा और कोई नहीं बल्कि आम लोगों के बीच रहकर, उनकी समस्याओं को समझकर महसूस करके, उन समस्याओं का निराकरण करने की तीव्र इच्छा रखने वाले आम आदमी अरविंद केजरीवाल हैं।

जन लोकपाल आंदोलन के कर्णधार अन्ना हजारे के साथ कदम से कदम मिलाने वाले अरविंद केजरीवाल ने स्थिति को बखूबी भाँपा। उन्हें पग पग पर यह अनुभव हुआ कि सत्ता में आए बिना कुछ भी बदलाव लाना मुश्किल है। राजनीति में उनका प्रदेश और **'आम आदमी पार्टी'** का गठन उनकी इसी कचोट की देन है। पार्टी की अप्रत्याशित सफलता उनकी नेकनीयती व जनता के प्रति समर्पण-भाव का परिणाम है। कुछ भी हो यह किसी चमत्कार से कम नहीं है।

वे खुद एक स्थान पर स्वीकारते हैं-

''मैं कर्म में यकीन करता हूँ। जब हमारा आंदोलन इतना बड़ा हो गया तब मुझे लगा हम कितने छोटे हैं। यह हम नहीं बल्कि कुछ दैवी चमत्कार हो गया। अब यह हमारे लिए किसी आध्यात्मिक यात्रा की तरह है।''

अरविंद केजरीवाल आज दिल्ली के मुख्यमंत्री पद पर विराजमान हैं। उनकी यह उपलब्धि मात्र एक-दो वर्षों के संघर्ष का नहीं बल्कि एक दशक से भी अधिक समय से भ्रष्टाचार के खिलाफ जारी उनकी एक जंग का परिणाम है। सत्यनिष्ठा और दृढ़संकल्प, उनकी इस जंग के हथियार रहे।

निश्चित ही इन अस्त्रों के सहारे हम **'असतो मा सद्‌गमय'** (असत्य से सत्य की ओर) **'तमसो मा ज्योतिर्गमय'** (अंधकार से उजाले की ओर) के प्रति आशान्वित हो सकते हैं।

शायद ही किसी ने कभी सोचा होगा कि साधारण-सा दिखने वाला एक आदमी, जिसका राजनीति से दूर-दूर तक कोई नाता नहीं रहा, वह राजनैतिक गलियारों के बड़े-बड़े बाहुबलियों और दिग्गजों की नींद उड़ा देगा। इसका श्रेय अरविंद की सच्चाई और दृढ़ इच्छाशक्ति को ही जाता है।

भारतीय राजनीति के इतिहास में सरकार बनाने हेतु विभिन्न दलों में आम सहमति तो अनेकों बार देखी गयी है किन्तु ऐसा पहली बार हुआ कि किसी राजनैतिक दल ने सरकार बनाने हेतु किसी दल के साथ हाथ मिलाने से पूर्व आम जनता की सहमति मांगी। भारत में अद्‌भुत तरीके से किया गया 'जनमत संग्रह' प्रणाली का प्रयोग निश्चित ही इस बात को उजागर करता है कि अरविंद केजरीवाल जनता के मत के मूल्य का आदर करते हैं। आरंभ से ही जनता की रायशुमारी के आधार पर कार्य करना निश्चित ही आम आदमी में इस बात की उमीद जगाता है कि अब वह समय आ गया है जब जनता अपने नुमाइंदे ही नहीं चुनेगी बल्कि शासन में भागीदारी की भी भूमिका निभाएगी।

एक दशक से भी अधिक समय से 'परिवर्तन' की मशाल लिए सतत् दौड़ते जा रहे इस धावक ने आम लोगों के बीच जाकर अपनी एक मशाल से लाखों दिलों में उम्मीद की मशालें प्रज्ज्वलित कर दीं और इस तरह साधारण सी कद-काठी वाले इस असाधारण क्षमता के धनी व्यक्ति ने आम लोगों को एक आशा की किरण दिखा दी कि, अब भ्रष्टाचार से डर कर, उसके सामने झुककर नहीं, बल्कि उसे परास्त करके रहना है।

कहते हैं निरंतर जल का प्रवाह पत्थर पर भी निशान छोड़ जाता है और अरविंद केजरीवाल के सतत् प्रयास का परिणाम इसका जीता जागता उदाहरण है। केजरीवाल के व्यक्तित्व को चंद शब्दों में नहीं समेटा जा सकता, फिर भी मेरी भावाभिव्यक्ति इस प्रकार है-

जनता का सब, जनता के हित
सच्चे मन से अर्पण।
नया सवेरा, नयी किरण
हम लाएँ अद्‌भुत परिवर्तन॥

-नरेंद्र कुमार वर्मा

पूर्वपीठिका

हम इस सत्य को नकार नहीं सकते कि जब-जब अव्यवस्था अपनी चरम सीमा पर पहुँचती है तो जनजीवन एवं कानून-व्यवस्था को व्यवस्थित करने के लिए किसी ऐसी व्यवस्था का जन्म होता है जो बुझे हुए मन में नूतन आशा का संचार करने में सक्षम होती है। अरविंद केजरीवाल व्यक्ति नहीं, बल्कि एक ऐसी व्यवस्था का नाम है जो आम आदमी के प्रति बेहद संवेदनशील है। अरविंद कुछ ऐसा करने का ज़ज्बा रखते हैं जिससे जनहित हो एवं प्रणाली में कुछ इस प्रकार के सुधार आएँ कि हम सहज ही यह कह उठें कि हमारा देश लोकतांत्रिक है और हमें इस पर गर्व है।

निश्चित ही इस प्रकार का बीड़ा वही उठा सकता है जिसके अंदर समर्पण-भाव, दूरदृष्टि, त्याग, दृढ़-संकल्प व सम्वेदना हो। यह संवेदना कृत्रिम या बनावटी नहीं हो सकती। आज से कई वर्ष पहले जब उनकी चचेरी बहन ने अपने एवं केजरीवाल के बच्चों के भविष्य के प्रति बेहद चिन्ता जताई तब केजरीवाल का कहना था कि **"यदि हम जैसे लोग अपने बच्चों तक ही सिमट कर रह जाएंगे तो देश का क्या होगा?"** निश्चित ही इस बात में केजरीवाल की वेदना झलकती है और यह वेदना आज की नहीं वरन् कई वर्ष पूर्व की है। उन्होंने स्वयं प्रशासन का अंग बनकर प्रशासन में व्याप्त भ्रष्टाचार को बहुत करीब से देखा। प्रशासन प्रणाली पर जब तक शासन का वरद् हस्त ना हो तब तक भ्रष्टाचार भला कैसे पनप सकता है? उन्होंने यह महसूस किया कि जनता का शासन कहे जाने वाले लोकतंत्र में ही जनता की कोई नहीं सुनता। शासन की बात करें तो हमें उनकी योजनाओं पर तो कभी-कभी हँसी आती है। बिना किसी विशेष क्षेत्र में जाए दिल्ली में बैठे चंद लोग उस क्षेत्र के लिए योजनाएँ बना लेते हैं। सोचने के लिए विवश तो हम

उस समय हो जाते हैं जब ऐसे गाँव के लिए जिसमें अक्सर बाढ़ आती है, हम जल संचय की योजना बना डालते हैं। इसी तरह खुशहाल गाँव में जहाँ अस्पताल या विद्यालय की कमी है वहाँ हम अनाज बाँटने की योजना बना डालते हैं। कुछ योजनाएँ अगर ठीक होती भी हैं तो आम आदमी तक उसका लाभ नहीं पहुँचता। भ्रष्टाचार की स्थिति नीचे से ऊपर तक सर्वत्र व्याप्त है। केजरीवाल इस व्यवस्था से सदैव क्षुब्ध रहे। सुधारने की यदि हम बात करें तो उन्होंने 'परिवर्तन', 'पीसीआरएफ' जैसी संस्थाओं में सक्रिय भूमिका निभाई। अन्ना हजारे के साथ जन लोकपाल विधेयक का जबरदस्त समर्थन किया लेकिन स्थिति वही ढाक के तीन पात जैसी रही। वे किसी शायर की इन पंक्तियों से पूरी तरह सहमत दिखाई पड़ते हैं कि–

बर्बाद गुलिस्तां करने को
बस एक ही उल्लू काफी है
हर शाख पर उल्लू बैठा है
अंजाम गुलिस्तां क्या होगा?

अन्तत: उन्होंने सक्रिय राजनीति में आने का मन बनाया; आम आदमी पार्टी का गठन किया और ईमानदारी की झाडू से भ्रष्टाचार की गंदगी साफ करने के लिए कमर कस ली। एक से सौ, सौ से हजार, हजार से लाख और अब तो करोड़ कब बन गए पता ही नहीं चला। व्यवस्था के प्रति व्याप्त रोष एवं आक्रोश के बीच एक उदीयमान सितारे के साथ कदम से कदम मिलाकर जनता ने ऐसी गति दी कि केजरीवाल का संकल्प साकार होता नजर आ रहा है। सम्पूर्ण जनता केजरीवाल के नेतृत्व में एक पारदर्शी, निष्पक्ष, न्यायपूर्ण एवं भयहीन व्यवस्था देखना चाहती है। मुझे आशा है कि केजरीवाल अबाध गति से आम आदमी की अपेक्षाओं की कसौटी पर खरे उतरेंगे। दूसरी ओर मैं जनता जनार्दन से भी निवेदन करूँगा कि वह पूरी जागरूकता के साथ केजरीवाल के द्वारा संकल्पित पुनीत कार्यों में अपनी भागीदारी दर्ज कराती रहे।

– अरविंद मोहन द्विवेदी

विषय सूची

◆◆

1 प्रारंभिक जीवन

अरविंद केजरीवाल का जन्म हरियाणा के सिवनी ग्राम में शिक्षित मध्यम वर्गीय दम्पत्ति श्री गोविंदराम केजरीवाल व श्रीमती गीता देवी के घर 16 अगस्त, 1968 कृष्ण जन्माष्टमी को हुआ था। आपके पिता जी एक इलेक्ट्रिकल इंजीनियर थे, जिन्होंने बिड़ला इंस्टीट्यूट ऑफ टेक्नोलॉजी, मेसरा से स्नातक की डिग्री प्राप्त की थी। तरक्की के अवसर प्राप्त करने हेतु उन्होंने शुरुआती दिनों में विभिन्न स्थानों पर नौकरी की, अत: बालक अरविंद का बचपन विभिन्न स्थानों पर बीता। अंतत: उनके पिता को एक अत्यन्त सुयोग्य अवसर 'जिंदल स्ट्रिप्स लिमिटेड' में मिल गया और फिर वे स्थायी रूप से वहीं बस गये। फलस्वरूप अरविंद केजरीवाल की आठवीं से आगे की शिक्षा हिसार में हुई। आइए उनके प्रारंभिक जीवन के बारे में कुछ प्रमुख अंशों को जाने।

अरविंद केजरीवाल गीता देवी और गोविंद राम की पहली संतान हैं। उनका जन्म जन्माष्टमी के दिन हुआ था। दादा-दादी उन्हें कृष्ण नाम से ही बुलाते थे। आज लगभग 45 वर्ष बाद दुनिया उसे अरविंद केजरीवाल के नाम से जानती है-दिल्ली का मुख्यमंत्री और अब तक एक अद्‌भुत राजनैतिक क्रांति का जनक, जिसकी ताकत किसी धर्म, जाति वर्ग या कॉडर से नहीं जुड़ी है।

केजरीवाल का बचपन हिसार के बाहरी इलाके में जिंदल सिट्रप्स के कर्मचारियों की एक बस्ती में बीता था। अरविंद के पिता उसी फैक्टरी में इलेक्ट्रिकल इंजीनियर थे। उनका बहुत साधारण-सा घर सामान से भरा रहता था। परिवार के पास वाहन के नाम पर सिर्फ एक स्कूटर था।

केजरीवाल कहते हैं कि बचपन की यादें बहुत धुंधली हैं। लेकिन गर्मियों की आलस भरी छुट्टियाँ साथ बिताने वाले चचरे-ममेरे भाई-बहनों और सोनीपत तथा गाजियाबाद में अंग्रेजी माध्यम के मिशनरी स्कूलों में पढ़ने के बाद हिसार के कैंपस स्कूल में उनके साथ पढ़े दोस्तों को अरविंद के गुण और उनकी शैतानियां बखूबी याद हैं। केजरीवाल अक्सर क्लासरूम में चुपचाप बैठे रहते थे। सपाट चिकने चेहरे वाले दुबले से लड़के के बाल हमेशा करीने से कढ़े होते थे। अरविंद बहुत ज्यादा बाहर घूमने-फिरने वाला लड़का नहीं था। उसे क्रिकेट और फुटबॉल की बजाए शतरंज और किताबों का शौक था। उसके हाथ में एक पेंसिल और स्केच बुक हमेशा रहती थी। 11 साल की उम्र का होने तक वह जो भी चीज देखता उसका चित्र बना देता था। फिर चाहे वह पेड़ हो, इमारतें हों, कोई जानवर या कमरे में रखी हुई कोई चीज।

बारा मोहल्ले में नाना के घर में हर गर्मी की छुट्टी में नौ-दस ममेरे भाई-बहन इधर-उधर दौड़ते फिरते रहते थे। लेकिन केजरीवाल आज की तरह उनके समूह के नेता नहीं थे। नेता बनने की बजाए वह उनके झुंड में शामिल हो जाया करता था। उस समूह की ज्ञान बघारने वाली रिश्ते की बहन कुसुम गोयल थीं, जो अब दिल्ली के पश्चिम विहार में चार्टर्ड अकांउटेंट हैं। बचपन के उनके खेलों में ऊंच-नीच और विष अमृत जैसे खेल शामिल थे। सन् 2000 में जब तक देश में टेक्नोलॉजी की धूम नहीं मच गई, तब तक हिंदुस्तान के मध्यवर्गीय बच्चों के बीच ऐसे ही खेल लोकप्रिय थे। कुसुम गोयल ने इंडिया टुडे को बताया, "अरविंद न तो आज के कुछ बच्चों की तरह बहुत शांत था और न ही हाइपर ऐक्टिव। हम सब शरारती थे, पर इतने चतुर भी थे कि ऐसा कुछ न करें कि बड़ों से डांट खाने की नौबत आ जाए।"

बचपन से केजरीवाल की एक धार्मिक बच्चे के रूप में परवरिश हुई थी। सोनीपत और गाजियाबाद में स्कूल में नियमित चर्च जाने का उन पर गहरा असर पड़ा। घर में हिंदू नैतिक उपदेश सुनने को मिलते थे। वे सुबह और रात में सोने से पहले प्रार्थना करते थे और अगर कभी दिन में समय मिल जाए तो तब भी प्रार्थना कर लिया करते थे।

किशोरावस्था में भी वे कभी-कभी वे ऐसा दायित्व बोध और सच्चाई की भावना दिखाते थे कि आपपास के लोगों को हैरानी होती थी।

दोस्तों को एक घटना याद है, जब वे वाद-विवाद प्रतियोगिता में अपनी स्कूल की टीम में चुने गए थे पर प्रतियोगिता से पहले की रात उन्हें तेज बुखार हो गया। किसी को उम्मीद भी नहीं थी कि वह अगले दिन आएंगे, लेकिन अरविंद पिता के स्कूटर पर पीछे बैठकर कंबल ओढ़े हुए वहां पहुंच गए। अरविंद का दृढ़निश्चय था कि कुछ भी हो, स्कूल की हार नहीं होनी चाहिए। आठवीं कक्षा के परीक्षा से पहले की रात उनकी छोटी बहन रंजना बीमार पड़ गई। वह पढ़ने की हालत में नहीं थी। ऐसे में अरविंद रातभर बैठकर उसके कोर्स की किताब पढ़कर सुनाते रहे, ताकि ज्यादा जोर दिए बिना उसे पाठ याद हो जाए। 41 साल की रंजना आज डॉक्टर हैं और हरिद्वार में रहती हैं। वे बीएचईएल में काम करती हैं। उनके 38 वर्षीय भाई मनोज पुणे में आइबीएम में इंजीनियर हैं।

अपने गुरुओं में केजरीवाल को सबसे अच्छी तरह मिसेज चोपड़ा याद हैं, जो कैंपस स्कूल में बायोलॉजी पढ़ाती थीं और कभी-कभी क्लास के बाद उनके साथ बैठकर भविष्य की योजना पर बात करती थीं। उन्होंने ही अरविंद को भाषण देने की कला सीखने के लिए प्रेरित किया। अरविंद जब दसवीं क्लास में थे तो उन्हें एक नाटक में भूमिका निभाने के लिए भी कहा गया। इस रास्ते पर आगे बढ़ते हुए केजरीवाल आइआटी-खड़गपुर के अंतिम वर्ष में हिंदी ड्रामा सोसाइटी के गवर्नर बन गए। शायद इससे भी बड़ी बात यह है कि अब वे अचानक अपने जोशीले और ओजस्वी भाषणों से किसी भी भीड़ में जोश और उम्मीद जगा सकते हैं।

आज भी अस्वस्थता के बावजूद मोर्चे पर जुटे रहने के पीछे भी उनका एक ही मकसद रहता है कि आम जनता की हार न हो।

2 अरविंद केजरीवाल का कैरियर

कहते हैं कूत के पाँव पालने में ही दिखाई दे जाते हैं, अरविंद बचपन से बड़े ही मेधावी छात्र रहे। वे कक्षा में हमेशा ही अव्वल रहते। खेलकूद से उन्हें कोई विशेष लगाव नहीं था। लेकिन समाज के लिए कुछ सकारात्मक करने की इच्छा का बीज उनके भीतर कहीं था, जो शायद एक विशाल शाखाओं वाले वृक्ष में परिवर्तित होने का इंतजार कर रहा था। अरविंद जब दसवीं कक्षा तक पहुँचे उन्होंने अपने मस्तिष्क में कहीं न कहीं यह विचार दबा रखा था कि समाज कल्याण हेतु कुछ तो करना है इसलिए उन्हें चिकित्सा क्षेत्र में जाना श्रेयकर लगा। परंतु साथ ही उनके भीतर छुपे मेधावी छात्र ने सोचा कि भाई अगर चिकित्सा क्षेत्र में जाना है तो चिकित्सा की पढ़ाई तो सर्वश्रेष्ठ मेडिकल कॉलेज से ही करनी होगी। सर्वश्रेष्ठ मेडिकल कालेज उस समय 'एम्स' था, परंतु वहाँ पर सीटें बहुत ही कम थीं। तब अरविंद के मन में आया कि क्यों ना सर्वश्रेष्ठ इंजीनियरिंग कालेज के लिए प्रयास किया जाये और उनकी सर्वश्रेष्ठ प्राप्त करने की इच्छा उन्हें **आई.आई.टी. खड़गपुर** ले गयी जहाँ से उन्होंने मेकैनिकल इंजीनियरिंग की पढ़ाई की।

पहली बार मैकेनिकल इंजीनियरिंग की पढ़ाई के लिए घर छोड़ने के बाद ही केजरीवाल की राजनैतिक सोच ने आकार लेना शुरू कर दिया था। और साथ ही उनके भीतर ऐसे लोगों के लिए काम करने का जज्बा पैदा हुआ, जो जिंदगी में उनके मुकाबले कम सौभाग्यशाली थे।

केजरीवाल के परिवार को आज भी याद है कि आई.आई.टी. के आखिरी साल के बाद जब वे हिसार लौटे तो सिर्फ बदन के कपड़े थे

और वापस लौटने के लिए रखे गए पैसों में से बची हुई रकम थी। इसके अलावा उनके पास और जो कुछ भी था, सब दान दे दिया।

1989 में मेकैनिकल इंजीनियरिंग की पढ़ाई समाप्त करने के बाद वे '**टाटा स्टील**' में नौकरी करने लगे। वहाँ उन्होंने तीन वर्षों तक नौकरी की। लेकिन यदि किसी के अंदर कुछ कर गुजरने की इच्छा हिलोरे मार रही हो, तो उसे कोई कैसे रोक सकता है। शायद अरविंद को मशीनों से ज्यादा इंसानों से प्यार था और वे इंसानों के बीच ही काम करना चाहते थे। टाटा स्टील में काम करते हुए उनके पास जब खाली वक्त होता था तब वे आस-पास के इलाकों में जाकर निर्धन परिवारों के बच्चों को मुफ्त में पढ़ाया करते थे, जबकि उनके अन्य सहकर्मी शायद वह समय अपने अवकाश के रूप में या मौज-मस्ती में बिताते थे। शायद निर्धन बस्तियों में जाकर उनकी समस्याओं को देखकर ही उनके मन में समाज के पिछड़े वर्ग के लिए कुछ सकारात्मक करने की इच्छा जागृत हुई। बस फिर क्या था पहुँच गये एक दिन टाटा स्टील के मानव संसाधन विभाग (एच.आर.डी.) में और अपना तबादला समाज कल्याण (सोशल वेलफेयर) विभाग में करने की गुजारिश की। वहाँ से जवाब मिला "यह तो संभव नहीं है"। बस फिर क्या था अरविंद ने 1992 में अपनी अच्छी भली नौकरी छोड़ दी और जुड़ गये मदर टेरेसा की '**मिशनरीज ऑफ चैरिटी**' से। जब वे मदर टेरेसा से मिलने गये तो पंक्ति में खड़े हुए और जैसे ही उनकी बारी आई, तो मदर से उन्होंने मिलते ही कहा, "मैं आपके साथ काम करना चाहता हूँ।" इस पर मदर ने उन्हें कालीघाट जा कर सेवा करने को कहा। कालीघाट में अन्य स्वयंसेवकों के साथ मिलकर पूरे कोलकाता शहर में घूमा करते और जहाँ कहीं भी उन्हें बीमार व असहाय लोग मिलते, वे उन्हें कालीघाट आश्रम लाकर उनकी सेवा-सुश्रूषा करते। कुछ तो एकदम मरणासन्न होते, ऐसे लोगों को सम्मानजनक ढंग से अंतिम साँस लेने दी जाती, जैसा कि मदर का मानना था कि **हर व्यक्ति चाहे वो किसी भी तबके का हो उसे सम्मानजनक मृत्यु पाने का अधिकार है।** अतः इस कार्य हेतु भी स्वयंसेवक सेवारत रहते। इसके अतिरिक्त चार माह ईसाई मिशनरियों के साथ सुदूर उत्तर-पूर्व के बोडोलैंड के आदिवासियों के बीच बिताये।

फिर कुछ समय उन्होंने 'रामकृष्ण मिशन' में भी कुछ समय बिताया। उसी दौरान उन्हें साक्षात्कार के लिए बुलाया गया, तब वे वापस अपने घर (हरियाणा) आ गये। लेकिन यहाँ भी चुपचाप बैठे नहीं रहे और नेहरू युवा केन्द्र से जुड़ गये और अनेक गाँवों के दौरों में लग गये और संगठन से जुड़े अनेक कार्य भी किये। टाटा स्टील की नौकरी छोड़ने के बाद से पुनः आई.आर.एस. में चुने जाने के बीच के समय को अरविंद का विशिष्ट अध्ययन काल कहना गलत नहीं होगा। वे अलग-अलग प्रकार के संगठनों में जाते, उनके कार्यों की विशिष्टता का अध्ययन करते उनकी कार्यशैलियों का अध्ययन करते, उन संगठनों की विचारधाराओं का अध्ययन करते। यदि हम इस अवधि को आज के अरविंद केजरीवाल की नींव पड़ने का समय कहें तो यह गलत नहीं होगा। इस दौरान उनके मन के कौंध रहे अनेकों प्रश्नों ने और उन प्रश्नों के उत्तरों की खोज ने ही शायद अरविंद को सही मायनों में समाज-कल्याण की ओर बढ़ने की दिशा दी।

भारतीय राजस्व सेवा में चयन

केजरीवाल सिविल सेवा परीक्षा में बैठे और पहली बार ही राजस्व सेवा में चुन लिए गए। उन्होंने एक बार और कोशिश करने का फैसला किया, ताकि आईएएस अफसर बनकर लोगों की ज्यादा सेवा कर सकें, दूसरी बार भी राजस्व सेवा में ही चुने जाने पर उन्होंने वही नौकरी कर ली। 1993 में मसूरी में लाल बहादुर शास्त्री प्रशासनिक अकादमी में प्रशिक्षण के दौरान उनकी मुलाकात अपनी साथी आइआरएस अधिकारी सुनीता से हुई। नागपुर में राष्ट्रीय प्रत्यक्षकर अकादमी में राजस्व सेवा अधिकारियों के लिए 62 सप्ताह के भर्ती कार्यक्रम के दौरान वे सुनीता को अच्छी तरह से जानने लगे थे। केजरीवाल ने रेमन मैग्ससे फाउंडेशन द्वारा तैयार की गई अपनी जीवनी में बताया है कि, "हम एक-दूसरे को बहुत पसंद करते थे। वे बहुत शर्मीली और भली महिला हैं। एक दिन मैंने उनका दरवाजा खटखटाया और पूछ लिया, 'क्या तुम मुझसे शादी करोगी।' और बात बन गई।"

आई.आर.एस. को सामान्यत: आयकर विभाग के नाम से जाना जाता है। आयकर विभाग में उन्होंने कुछ विशेष पदों पर काम किया। सन् 1995 से लेकर सन् 2006 तक उन्होंने आयकर विभाग में नौकरी की। परंतु यहाँ पर भी उनका दायरा मात्र उनके पद से जुड़ी सेवाओं तक सीमित नहीं रहा। हालांकि वे अपना कार्य ईमानदारी से करते रहे और उन्हें कभी-भी कोई भी गलत काम करने को कहा भी नहीं गया, फिर भी समाज में फैले भ्रष्टाचार को मिटाने के लिए कोई समाधान खोजने की इच्छा उनके भीतर पलती रही। उनके भीतर कुछ प्रश्न हमेशा कौंधते रहे कि आखिर क्यों एक सामान्य व्यक्ति को अपना कार्य करवाने के लिए प्राय: घूस देनी पड़ती है और क्यों इस प्रथा को उचित ठहराया जाता है, क्यों ईमानदारी का जीवन जीने की इच्छा रखने वाले एक व्यक्ति को इस प्रथा के आगे झुकना पड़ता है? और बस यहीं बहुत सोच विचार के बाद उन्होंने निर्णय लिया कि केवल इस बात से काम नहीं बनना कि 'भई घूस मत दो, घूस देना गलत बात है'। काम तो तब बनेगा जब हम लोगों तक यह संदेश पहुँचायें कि यदि कोई सरकारी कर्मचारी आपसे घूस मांगे तो आप उसकी मांग न मानें। हम आपकी सेवा में तत्पर रहेंगे और आपका कार्य बिना घूस के ही करवा देंगे। इसी विकल्प को साकार रूप देने हेतु एक आंदोलन 'परिवर्तन' की नींव पड़ी।

केजरीवाल का हमेशा से ही विश्वास रहा कि परिवर्तन की शुरूआत हमेशा एक छोटी इकाई से ही होती है तो उन्होंने इसकी शुरूआत अपने ही विभाग आयकर विभाग से की।

3 'परिवर्तन' द्वारा परिवर्तन

'परिवर्तन' की शुरुआत केजरीवाल ने दिसंबर 1999 में की, उस समय वे आयकर विभाग में सेवारत थे। इस प्रयास का लक्ष्य मुख्यत: आयकर, बिजली व राशन से जुड़ी आम लोगों की समस्याओं का समाधान करना था। शुरुआत आयकर विभाग से हुई। केजरीवाल आयुक्त से मिले और उनसे कहा "हम आपके पास घूस से जुड़े मामले रखना चाहते हैं।" यह सुनकर आयुक्त ने उन्हें अपना सहयोग देने की बात की। अरविंद केजरीवाल की यह पहल एक प्रकार से अपने ही विभाग में अपने ही विभाग के खिलाफ एक जंग थी।

दिल्ली में जगह-जगह **'परिवर्तन'** के बैनर व होर्डिंग लगाकर लोगों तक यह संदेश पहुँचाना शुरू कर दिया कि यदि आयकर विभाग में आपसे कोई घूस मांगता है तो आपकी मदद के लिए है यह फोरम। इस संदेश ने केजरीवाल को विभाग के अन्य अधिकारियों से अलग-थलग कर दिया, क्योंकि उन अधिकारियों को लगा कि इससे उनकी बदनामी हो रही है। इस आंदोलन को शुरुआती तौर पर अच्छी सफलता मिली। घूस से जुड़े तमाम मामले इस फोरम में आए। परिवर्तन के माध्यम से ऐसे मामलों को आयकर अधिकारियों के समक्ष रखा गया और साथ ही लंबित मामलों को वित्तमंत्री तथा मीडिया तक भी पहुँचाया गया। केजरीवाल के इस आंदोलन में मीडिया ने अच्छा सहयोग दिया। एक अखबार ने ऐसे मामलों को अच्छा कवरेज दिया और उसका नतीजा यह हुआ कि रिफंड से जुड़े तथा 'परिवर्तन' के जरिए पहुँचे तमाम मामले शीघ्रता से निपटा दिए गये। यह सब मीडिया द्वारा पड़े दबाव का नतीजा था।

लेकिन इस आंदोलन को यहीं नहीं रुकना था। केजरीवाल ने अपने आंदोलन का दायरा बढ़ाने का निर्णय लिया। परंतु इस बार वे विशेष वर्ग से जुड़े मुद्दों को नहीं उठाना चाहते थे, वे ऐसे मुद्दे लेना चाहते थे जो सभी को प्रभावित कर रहे थे। इसीलिए अब उन्होंने बिजली का मुद्दा उठाने का निर्णय लिया। सामान्यतः यही देखा गया है कि लोग बिजली में कटौती की समस्या से कहीं अधिक इस समस्या से परेशान रहते हैं कि कहीं बिजली का बिल खपत की तुलना में कहीं अधिक आता है तो कहीं बिजली के कनेक्शन का आवेदन कई बार किए जाने के बावजूद कनेक्शन नहीं मिलता। परिवर्तन ने ऐसे ही मामलों को सामने लाने की मुहिम चलाई और लोगों से अपना काम कराने हेतु घूस न देने और फोरम में आने की अपील की।

आम लोगों से जुड़ने के लिए केजरीवाल ने उनके बीच ही जाना उचित समझा और इसीलिए 'परिवर्तन' का कार्यालय भी उन्होंने 'सुंदर नगरी' में बनाने का फैसला किया और अपना कार्यक्षेत्र मुख्यतः 'सुंदर नगरी' और 'सीमापुरी' को बनाया क्योंकि इस क्षेत्र में अधिकांश जनसंख्या निम्नवर्गीय लोगों की है, जो स्वास्थ्य, राशन, पानी जैसे तमाम समस्याओं के समाधान हेतु सरकारी तंत्र पर ही निर्भर रहते हैं।

दिल्ली विद्युत बोर्ड के उस समय रहे अध्यक्ष ने इस आंदोलन में पूर्ण रूप से सहयोगात्मक रवैया अपनाया। उन्होंने अपने विभाग में एक विशेष अधिकारी नियुक्त किया और उसे परिवर्तन के जरिए आए सभी मामलों का निराकरण करने का निर्देश दिया।

अब तक परिवर्तन से काफी लोग जुड़ चुके थे और अब इस आंदोलन का लाभ ज्यादा से ज्यादा लोगों तक पहुँचाना भी बहुत आवश्यक हो गया। चूँकि बिजली से जुड़े मुद्दे हर आम और खास आदमी से संबंधित होते हैं तो अरविंद और इस आंदोलन के उनके सहयोगी वहीं दिल्ली विद्युत बोर्ड के प्रवेश द्वार पर पर्चे बाँट कर इस आंदोलन को लोगों तक पहुँचाने लगे। हालांकि जब उनके कुछ पूर्व सहकर्मियों तक यह खबर पहुँची तो वे इसे केजरीवाल की दयनीय दशा समझने लगे। एक पूर्व सहकर्मी ने तो उनके सामने टाटा स्टील में उनकी नौकरी फिर से लगवा देने का प्रस्ताव भी रख दिया।

लेकिन जो व्यक्ति बुराई के खिलाफ लड़ने की जिद करके बैठा हो फिर उसे कौन राह से भटका सकता है। अरविंद भी लोगों की विभिन्न प्रकार की प्रतिक्रियाओं से विचलित हुए बिना ही अपनी राह बनाते हुए आगे बढ़ते रहे। 'परिवर्तन' जिसकी शुरुआत एक गैर-सरकारी संगठन के रूप में हुई, धीरे-धीरे एक आंदोलन का रूप लेता जा रहा था। एक समय था जब विद्युत विभाग में प्रत्येक माह लंबित मामलों की संख्या पचास से भी अधिक हुआ करती थी, अब यह संख्या मात्र चार या पाँच तक ही रह गई।

कुछ मायनों में यह एक उपलब्धि कही जा सकती है, परंतु केजरीवाल यहीं रुकने वाले नहीं थे। अब उनके सामने एक और प्रश्न सामने आ कर खड़ा हो गया, 'क्या मात्र एक संगठन के जरिए आम लोगों से संबद्ध विभिन्न विभागों तक पहुँचा जा सकता है, आखिर कितने आला अधिकारियों तक पहुँचा जा सकता है?' कहीं न कहीं केजरीवाल को अपनी स्थिति बिचौलिए जैसी लगने लगी। उन्हें लगने लगा कि 'परिवर्तन' मात्र एक बिचौलिए की तरह लोगों की समस्याओं का निराकरण करवा रहा है लेकिन अरविंद का लक्ष्य तो कुछ और ही था वे इस दुर्व्यवस्था से निपटने हेतु शक्ति लोगों के हाथों में देना चाहते थे।

4 सूचना का अधिकार अधिनियम

अरविंद इसी उधेड़-बुन में थे कि आखिर कैसे आम लोगों को सक्षम बनाया जाये इस दुर्व्यवस्था से लड़ने के लिए। उसी दौरान दिसंबर, 2001 में दिल्ली में 'सूचना का अधिकार अधिनियम' पारित हुआ। सरकार की यह पहल तो अच्छी थी। लेकिन आपके पास चाहे जितने भी अस्त्र-शस्त्र हों, यदि उन्हें इस्तेमाल करने का तरीका पता न हो तो वो सब व्यर्थ ही है।

यह अधिनियम पारित तो हो गया, किन्तु कहीं न कहीं इसकी सही जानकारी सरकारी विभागों को भी नहीं थी। इस अधिनियम के अनुसार प्रत्येक सरकारी विभाग में एक विशेष अधिकारी नियुक्त होगा। किसी भी व्यक्ति को यह अधिकार होगा कि वह एक आवेदन पत्र देकर उस विभाग से संबंधित सूचना प्राप्त कर सकता है, साथ ही उस विभाग को एक तय अवधि के भीतर जानकारी देनी होगी।

लेकिन सच तो यह था कि सरकारी विभाग तो इससे अनभिज्ञ थे ही, साथ ही लोगों में भी इसके प्रति कोई जागरूकता नहीं थी। परंतु केजरीवाल ने जब इस अधिनियम का अध्ययन किया तो पाया कि यह एक अत्यन्त सशक्त हथियार है, इसका इस्तेमाल करना होगा। केजरीवाल ने कई विभागों में आवेदन पत्र भेजे, लेकिन तब पता चला कि उन विभागों के अधिकारी ऐसे किसी अधिनियम को जानते ही नहीं थे और न ही उन्हें यह पता था कि इसके लिए नियुक्त विशेष अधिकारी उनके विभाग में है कौन। केजरीवाल और उनके 'परिवर्तन' के अन्य सहयोगियों ने विभिन्न विभागों में इस अधिनियम की प्रतिलिपियाँ बाँटी। हालांकि केजरीवाल का यह प्रयास व्यर्थ ही साबित हुआ। अंतत: उन्होंने

दिल्ली की मुख्यमंत्री को पत्र लिखकर वास्तविक स्थिति से अवगत कराया। तत्पश्चात मुख्यमंत्री ने विभिन्न विभागों के अधिकारियों के साथ एक मीटिंग की और कहा कि उन्हें इस अधिनियम को लागू करना और इसका पालन करवाना ही होगा।

'परिवर्तन' एक आंदोलन जिसकी शुरुआत भ्रष्टाचार से मुक्ति दिलाने हेतु हुई थी, सूचना का अधिकार अधिनियम से उसे अच्छी गति प्राप्त हुई। पहले लोग परिवर्तन के पास अपनी शिकायतें लेकर आते थे और 'परिवर्तन' समस्याओं का समाधान करता था। अब 'परिवर्तन' लोगों के लिए आवेदन पत्र लिखता, और लोग स्वयं ही जाकर इस अधिनियम के तहत जानकारी मांगते। इसका परिणाम यह हुआ कि कई-कई वर्षों से लटके अनेकों मामले चंद दिनों में ही निपटने लगे। इस तरह 'परिवर्तन' सही अर्थों में सरकारी दफ्तरों की कार्यशैली में सुधार लाने और 'सूचना का अधिकार' अधिनियम के लाभ लोगों तक पहुँचाने में लग गया। अभी तक इस अधिनियम का प्रयोग मुख्यत: बिजली विभाग तक सीमित था, किन्तु धीरे-धीरे केजरीवाल ने इस अधिनियम का इस्तेमाल अन्य सरकारी विभागों में फैले भ्रष्टाचार के खिलाफ भी करना शुरू कर दिया जैसे दिल्ली नगर निगम, राशन प्रणाली आदि। वास्तव में सूचना का अधिकार अधिनियम के क्रियान्वयन का सारा श्रेय अरविंद केजरीवाल को ही जाता है। तभी अरविंद को अरुणा राय और उनके द्वारा चलाये जा रहे अभियान **'जन सुनवाई'** के बारे में पता चला। अरुणा राय एक राजनीतिज्ञ और सामाजिक कार्यकर्ता हैं तथा मजदूर किसान शक्ति संगठन की संस्थापक हैं, सन् 2000 में अरुणा राय को सामुदायिक नेतृत्व के लिए रेमन मैग्ससे से पुरस्कार से सम्मानित किया गया। उन्होंने 'जनसुनवाई' अभियान राजस्थान के ब्यावर में चला रखा था। अरविंद उनसे मिलने गये और मजदूर किसान शक्ति संगठन की कार्य प्रणाली का अध्ययन किया। यह किसान संगठन भी सूचना का अधिकार अधिनियम का इस्तेमाल पंचायत स्तर पर भ्रष्टाचार के खिलाफ कर रहा था। प्राय: पंचायत के पास जो भी सरकारी धन रोजगार योजनाओं और अन्य विकास योजनाओं के लिए आता था उसका खर्च

कागजों पर तो दिखाया जाता था लेकिन वास्तव में उनका कोई नामोनिशान ही नहीं होता था। मजदूर किसान शक्ति संगठन आर.टी.आई. का इस्तेमाल करके पंचायतों से सूचना निकालते और फिर सार्वजनिक सभा करके उन्हें समस्त ग्रामीणों तथा संबंधित अधिकारियों के सामने रखते, फिर वहीं के वहीं सारी योजनाओं के वास्तव में क्रियान्वयन का पता चल जाता। अरविंद को यह मॉडल काफी पसंद आया, उन्होंने दिल्ली में भी इसे इस्तेमाल करने का फैसला किया। वे विभिन्न सरकारी विभागों से आर.टी.आई. के जरिए सूचनाएं प्राप्त करते और फिर 'परिवर्तन' के माध्यम से इन सूचनाओं को लोगों तक पहुँचाते। साथ ही सार्वजनिक सभाएं करके उनमें सरकारी योजनाओं और उन पर हुए खर्च का विवरण देते हुए आम लोगों से ही उन योजनाओं के वास्तविक क्रियान्वयन का सत्यापन करवाते। इस तरह से सारी सच्चाई सामने आ जाती। इस प्रकार सार्वजनिक निर्माण विभाग तथा अन्य विभागों की कलई खुलने लग गई। पता चला कागजों पर सड़क बनाने में, सार्वजनिक शौचालय बनवाने में, हैंडपम्पों में, बिजली की मोटरों में, विभिन्न ठेकों पर करोड़ों रुपये खर्च हुए, लेकिन वास्तविक रूप में कहीं कोई काम नहीं हुआ था। यदि कहीं काम हुआ भी तो पता चला खातों में काफी हेर-फेर था।

'परिवर्तन' ने इस भ्रष्टाचार पर एक विस्तृत रिपोर्ट तैयार की और उससे संबंधित अधिकारियों तथा मुख्यमंत्री तक भी पहुँचाई। फिर भी कोई सकारात्मक परिणाम सामने नहीं आया। 'परिवर्तन' ने यह भी सुझाव दिया कि किसी योजना के पारित होने में आम लोगों की सहमति भी होनी चाहिए। इसके लिए दिल्ली हाईकोर्ट में जनहित याचिका भी डाली गयी। किंतु हासिल कुछ नहीं हुआ।

अरविंद केजरीवाल की जगह शायद कोई और होता तो वह थक कर बैठ जाता। किन्तु अरविंद इससे निराश हो कर थकने वाले नहीं थे। तभी कुछ लोग परिवर्तन के कार्यालय में राशन की सरकारी दुकानों में होने वाले घपलों की समस्या सामने ले कर आए। प्रायः यह देखा जाता था कि राशन की सरकारी दुकानें या तो प्रायः बंद रहती थीं या 'स्टॉक

नहीं है' कह कर लोगों को वापस कर दिया जाता था। 'परिवर्तन' ने शिकायतकर्ताओं से 'सूचना के अधिकार' के तहत आवेदन–पत्र प्रस्तुत करवाया। कुछ समय बाद जब जवाब आया तो पता चला कि जिन लोगों के नाम पर राशन दिया गया था वह पूर्णतः गलत था। तब 'परिवर्तन' ने उस क्षेत्र के समस्त राशन दुकानदारों से खाता दिखाने को कहा। इस पर इन दुकानदारों ने काफी विरोध किया। मामला न्यायालय तक पहुँचा और अंततः फैसला 'परिवर्तन' के पक्ष में आया। आज की स्थिति यह है कि राशन की दुकान पर खाद्‌य खाता बड़ी आसानी से शनिवार की शाम को देखा जा सकता है।

यदि 'परिवर्तन' के लिए यह कहा जाए कि यह संस्था मात्र सरकारी विभागों के खिलाफ कार्य करती है तो गलत होगा क्योंकि इस संस्था ने लोगों को बिजली की चोरी न करने के लिए भी प्रेरित किया है। परिवर्तन ने झुग्गी झोपड़ी निवासियों को चोरी के बजाय कानूनी ढंग से बिजली कनेक्शन लेने के लिए प्रेरित किया।

इन सबके दौरान कई बार केजरीवाल को बहुत से लोगों के आक्रोश का भी सामना करना पड़ा। कभी हार मिली तो कभी जीत। परंतु किसी पराजय से न तो उनका हौसला टूटा और न ही किसी सफलता ने उन्हें संतुष्ट किया। उन्होंने तो अपने जीवन का मकसद ही बना लिया था भ्रष्टाचार और अन्याय के खिलाफ खड़े रहना।

तभी नवंबर 2004 में जल के निजीकरण से जुड़ा मुद्‌दा सामने आ गया। अखबारों में इस पर अनेक लेख लिखे गये और कई ओर से इस निजीकरण के विरोध में स्वर उठने लगे। उस समय पुनः परिवर्तन ने आर.टी.आई. के इस्तेमाल से इस विषय में सारी जानकारी प्राप्त की। अध्ययन करने पर पता चला कि ये परियोजनाएं पिछले छः सालों से चल रही थीं और इन्हें विश्व बैंक की ऋण सहायता मिलने वाली थी। केजरीवाल ने इन परियोजनाओं का अध्ययन स्वयं तो किया ही साथ ही इनकी प्रतिलिपियाँ आई.आई.एम. के कई प्रोफेसरों के पास भी उनके विचार जानने हेतु भेजीं। उन सभी ने इन परियोजनाओं को एक सिरे नकार दिया और साथ ही इन्हें रद्‌द करने हेतु प्रधानमंत्री को पत्र भी लिखा। इधर केजरीवाल और उनके सहयोगियों ने लोगों तक संदेश

पहुँचाना शुरू कर दिया कि आपका पानी आपके हाथ से जाने वाला है। तब चारों ओर से उठ रहे विरोध को देखते हुए इन परियोजनाओं को रद्द किया गया।

केजरीवाल ने 'परिवर्तन' की शुरुआत सरकारी विभागों से भ्रष्टाचार हटाने, लोगों में घूस देने की प्रवृत्ति को छोड़कर ईमानदारी से अपना काम करवाने की चाह पैदा करने, आम लोगों में अपनी बात कहने की सामर्थ्य पैदा करने जैसे तमाम उद्देश्यों के साथ की थी।

प्राय: देखा जाता है कि यदि लोगों को किसी भी बुराई के खिलाफ एकजुट होने को कहा जाय, तो अधिकांश लोग आप से यह कहकर, 'कुछ नहीं होने वाला, ये समय की बर्बादी है', अपनी-अपनी राह चल देते हैं। लेकिन अरविंद केजरीवाल ने विभिन्न मुद्दों पर लोगों को एकजुट किया और अपने संगठन परिवर्तन के जरिए एक प्लेटफॉर्म दिया, उन्होंने लोगों को प्रेरित किया कि बुराई के साथ जीना, उससे डर कर रहना जीवन नहीं है। सही मायनों में जीना बुराई से लड़ना और उसे परास्त करना है। उन्होंने लोगों को अपनी बात कहने की हिम्मत दी और इन सबके साथ ही लोगों में समता भाव भी जगाया।

अरविंद में देश के लिए कुछ कर गुजरने की इच्छा काफी पहले ही से थी। उन्होंने इसी कारण सिविल सर्विसेज में जाने का निर्णय लिया था। यह कहना अतिशयोक्ति नहीं होगी कि देश सेवा की उनकी जिद आज भी कायम है और शायद उनकी इस जिद ने ही उन्हें आज एक अनोखे जन आंदोलन का अगुआ बना दिया।

अरविंद के आई.आई.टी. के समय के मित्र बताते हैं, "हममें से ज्यादातर के पास विदेश जाने के अवसर थे और हमने उसका फायदा भी उठाया, किन्तु अरविंद, जो हम सबमें शायद सबसे अधिक मेधावी थे, ने अपने देश में रहकर देश सेवा में जीवन बिताना ही बेहतर समझा।"

आज आम लोगों के बीच सूचना का अधिकार अधिनियम के प्रति जो जागरूकता है, उसका श्रेय मुख्यत: दो लोगों को जाता है, अरविंद केजरीवाल और अरुणा राय। इन दोनों ने अन्य सामाजिक कार्यकर्ताओं

के साथ मिलकर इस अधिनियम का प्रचार किया और इस अधिनियम के बारे में जागरूकता देश के कोने-कोने तक फैलायी। उसका परिणाम यह निकला कि सन् 2005 में भारतीय संसद ने 'सूचना का अधिकार अधिनियम' पारित कर दिया।

उनके इस संघर्ष को विदेशों में तो बहुत सराहना मिली और सन् 2006 में अरविंद केजरीवाल को 'इमर्जेन्ट लीडरशिप' के लिए 'रेमन मैग्ससे पुरस्कार' से सम्मानित किया गया।

लेकिन विडंबना यह रही कि अपने ही देश में देश का वास्तव में भला सोचने वाले को उच्च पदों पर बैठे तथाकथित जिम्मेदार लोगों का विरोध सहना पड़ा।

अरविंद केजरीवाल जिस पद पर थे, वे उसी पद पर रहकर एक बहुत ही उच्चवर्गीय जीवनशैली जीते हुए अपना जीवन आराम से वातानुकूलित दफ्तर और आवास में अपने परिवार के साथ बिता सकते थे। लेकिन देश सेवा की भावना ने उन्हें वह आरामदेह जीवन छोड़ने को प्रेरित किया। फरवरी 2006 में अपने सरकारी पद को भी त्याग दिया। त्याग की भावना उनमें छात्र जीवन से ही थी। उनके परिवार वालों के अनुसार अरविंद जब आई.आई.टी. की पढ़ाई के बाद घर वापस आए, तो उनके पास कुछ कपड़े और यात्रा के खर्च के बाद के बचे हुए पैसे ही थे। बाकी सब कुछ वहीं दान कर आए थे।

कुछ समय बाद जब उन्हें रेमने मैग्सेसे पुरस्कार मिला तो उन्होंने उससे प्राप्त राशि को भी एक और संस्था 'पब्लिक कॉस रिसर्च फाउंडेशन' (PCRF) को स्थापित करने में लगा दिया।

'परिवर्तन' तो अपना काम कर ही रहा था, हालांकि यह पंजीकृत संस्था नहीं थी और शायद इसीलिए इसे चलाने हेतु फंड भी मुश्किल से इकट्ठा होता था। लेकिन परिवर्तन की उपलब्धियों को देखकर व्यक्तिगत दाताओं से पर्याप्त अनुदान प्राप्त होने लगा, बहुत से मीडिया हाउस भी स्वयं ही उनके प्रचार हेतु आगे आये। परिवर्तन को कुछ हद तक सफलता मिली थी, परन्तु यह सफलता क्षणिक ही थी। अरविंद ने यह पाया कि सुधार कुछ समय तो दिखता था परंतु कुछ समय बाद स्थिति पूर्ववत् ही हो जाती।

ऐसा अनेक बार हुआ है कि भ्रष्टाचार के खिलाफ, सरकारी विभागों की लापरवाह कार्यशैली के खिलाफ, आम लोगों के प्रति प्रशासन और सरकार के बेपरवाह रवैये के खिलाफ आवाज न उठी हो, लोगों में रोष न आया हो। परंतु सरकारी तंत्र में फैली अव्यवस्था के कारण को समझने की कोशिश शायद ही किसी ने की, और शायद यही कारण था कि ऐसे आंदोलनों ने बहुत जल्द ही दम तोड़ दिया। केजरीवाल ने सरकारी व्यवस्था को समझने के लिए विभिन्न सरकारी विभागों की कार्यप्रणाली को समझने के लिए, और उनमें निहित भ्रष्टाचार की जड़ों तक पहुँचने के लिए एक ऐसी संस्था की जरूरत महसूस की, जो लगातार इन पर नजर रखे और इनकी कार्यप्रणाली का सुव्यवस्थित ढंग से अध्ययन करे, जिससे कि व्यवस्था में व्याप्त भ्रष्टाचार की जड़ तक पहुँचा जा सके। इसी उद्देश्य को लेकर उन्होंने अपने पुराने सहयोगी मनीष सिसोदिया और अभिनन्दन शेखरी के साथ मिलकर 2006 में अपने रेमन मैग्सेसे अवार्ड से प्राप्त पुरस्कार राशि की सहायता से 'पब्लिक क्रॉस रिसर्च फाउंडेशन' नाम की संस्था बनाई।

5 पब्लिक कॉज़ रिसर्च फाउंडेशन (पी.सी.आर.एफ.)

पी.सी.आर.एफ. दिल्ली में स्थित एक गैर सरकारी संगठन है। यह संस्था प्रशासन में न्याय और पारदर्शिता लाने की दिशा में कार्यरत है। पी.सी. आर.एफ. की कोशिश हमेशा यही रही है कि समाज के कमजोर और हाशिए पर खड़े तबके को न्याय मिल सके, उन्हें भी अन्य सामान्य लोगों की भांति समान अवसर प्राप्त हो, वे भी समाज की मुख्यधारा में शामिल हों।

पी.सी.आर.एफ. ने 2009 में ऐसे आयुक्तों, अधिकारियों तथा नागरिकों को सम्मानित करने हेतु 'पुरस्कारों की शुरुआत की जो लोग सूचना के अधिकार' की दिशा में प्रशंसनीय कार्य कर रहे हैं। ये पुरस्कार कड़ाई से आर.टी.आई. को लागू करवाने वाले सूचना आयुक्तों, लोगों तक सही और पूरी सूचना पहुँचाने वाले जन सूचना अधिकारियों, आर.टी.आई. का इस्तेमाल करके आम लोगों के बीच इसकी प्रभाविता के अर्थ को समझाने वाले आम नागरिकों तथा आम जनता से जुड़े मुद्दों पर आवाज उठाने हेतु आर.टी.आई. का उपयोग करने वाले पत्रकारों को दिए जाते हैं।

वास्तविकता तो यह थी कि आर.टी.आई. अधिनियम भारतीय संसद द्वारा गोपनीयता की आड़ में पनप रहे भ्रष्टाचार को मिटाकर पारदर्शिता लाने हेतु पारित किया गया था। आम भारतीय नागरिक को सशक्त करने की दिशा में उठाया गया एक अच्छा कदम था यह। इस अधिनियम में भारतीय नागरिकों को सरकार से प्रश्न करने, सरकारी दस्तावेजों की प्रतिलिपियाँ माँगकर उनका निरीक्षण करने का तथा सरकारी कार्यों का निरीक्षण करने का अधिकार दिया। परंतु लोग इस अधिकार को

प्रभावशाली ढंग से प्रयोग करने में सक्षम नहीं थे। पी.सी.आर.एफ. लोगों में आर.टी.आई. के बारे को जागरूक करने में प्रयासरत है।

केजरीवाल ने हमेशा इस बात पर जोर दिया है कि जिन्हें हम अपना प्रतिनिधि बनाकर संसद या विधानसभा में भेजते हैं, हमें पूरा अधिकार होना चाहिए कि उनके कार्यों का मूल्यांकन ईमानदारी से करें और हमें अधिकार होना चाहिए कि हम यह जान सकें कि हमारा प्रतिनिधि वास्तव में हमारे लिए काम कर रहा है।

केजरीवाल जहाँ एक ओर आर.टी.आई. के प्रभावशाली इस्तेमाल के प्रबल समर्थक हैं, वहीं दूसरी ओर लोकतंत्र के वर्तमान स्वरूप के कट्टर विरोधी। उनका मानना है कि यह कैसा लोकतंत्र है जहाँ आम **नागरिक की भूमिका मात्र चुनाव के समय वोटिंग मशीन पर बटन दबाने तक ही सीमित है जिन्हें हम पाँच साल के लिए चुनकर भेजते हैं, वे चुने जाने के बाद न तो वापस अपने मतदाताओं के बीच जाते हैं और साथ ही जो लोग उन्हें चुनकर भेजते हैं, उन्हें कहीं भी अपनी राय देने का कोई अधिकार ही नहीं होता।**

केजरीवाल के मार्गदर्शन में पी.सी.आर.एफ. ने दुनिया के कुछ अन्य देशों में कामयाब प्रजातंत्रों का अध्ययन किया और पाया कि ये भ्रष्टाचार वास्तव में सरकारी विभागों में ही नहीं है, कहीं न कहीं इसकी जड़ें हमारे प्रजातंत्र में छुपी हैं। हमारी व्यवस्था में ही कमी है, इसने आम नागरिक को अपने ही लिए फैसले न कर पाने को मजबूर किया है। हालात ये हैं कि चुनाव के समय जिस आम जनता को देवता बनाकर पूजते हैं ये तथाकथित जनप्रतिनिधि, चुनाव जीत जाने के बाद उसी आम जनता को दरकिनार कर देते हैं। यह तक नहीं पूछते कि भई आपकी समस्याएं क्या हैं और आप उसका समाधान किस तरह से चाहते हैं।

केजरीवाल ने अपनी पुस्तक 'स्वराज' में विभिन्न प्रजातंत्रों का उल्लेख करते हुए अमरीकी प्रजातंत्र की मिशाल देते हुए लिखा है, "वॉलमार्ट अमरीकी कंपनी है। कंपनी अमरीका के ही ओरेगॉन के एक शहर में दुकान खोलना चाहती थी। उस शहर के सभी नागरिकों के पास एक नोटिस भेजा गया कि आपके शहर में वॉलमार्ट दुकान खोलना चाहती है, इसे खोला जाय या नहीं। उन्हें मीटिंग के लिए तय समय पर

टाउन हॉल में बुलाया गया और वहाँ अपनी राय देने को कहा। समस्त नागरिक तय समय पर टाउन में इकट्‌ठा हुए और उन्होंने अपनी बात सामने रखी, "हम वॉलमार्ट नहीं चाहते क्योंकि अगर यह कम्पनी यहाँ आयी तो यहाँ किराने की सारी दुकानें बंद हो जाएंगी।" इसका नतीजा यह हुआ कि वॉलमार्ट अपने ही देश के एक शहर में दुकान नहीं खोल पायी।" लेकिन भारत में जब यह कंपनी आती है तो हमारे नागरिकों से पूछा तक नहीं जाता।

यह तो विदेशी कंपनी की बात हुई। सरकार विभिन्न प्रकार के कर लेती है, और उसे समाज कल्याण में लगाने की बात करती है। लेकिन वह आम नागरिक का पैसा उसी से बिना पूछे मनमाने ढंग से उड़ाती है। अब सुंदर नगरी का उदाहरण लें। यह एक झुग्गी-झोपड़ी वाला इलाका है। यहाँ लोगों को पीने के पानी, सीवर, स्कूल जैसी मूलभूत सुविधाएं तक नहीं हैं। जब जनता सरकार के पास अपनी समस्याओं के निराकरण के लिए जाती है तब वहाँ से जवाब आता है 'फंड नहीं है'। लेकिन **इससे बड़ा व्यंग्य क्या होगा कि जिस इलाके में पानी नहीं है वहाँ सरकार फव्वारे लगवाती है, और उन फव्वारों पर खर्च हुआ है 60 लाख रुपये।"**

हम सबने नागरिक शास्त्र में यही पढ़ा कि सरकार हमसे जो कर लेती है, उसका इस्तेमाल विकास और समाज कल्याण से जुड़ी योजनाओं में करती है, लेकिन वास्तविकता इससे कोसों दूर है, सच तो यह है कि सरकार हमारा पैसा, हमसे ही बिना पूछे अपने विकास और अपने कल्याण में लगाती है।

अरविंद केजरीवाल और उनके सहयोगियों ने पी.सी.आर.एफ. की शुरुआत इस मकसद को लेकर की थी कि वास्तव में सत्ता भारत के नागरिकों के हाथ में हो और इसी विचारधारा को दिशा देने हेतु उन्होंने एक नवीन कार्यप्रणाली का प्रस्ताव रखा, वह था स्थानीय स्वायत्त शासन (लोकल सेल्फ गवर्नेन्स)।

स्थानीय स्वायत्त शासन (लोकल सेल्फ गवर्नेन्स)

स्थानीय स्वायत्तशासन में किसी भी इलाके के फंड पर, वहाँ होने वाले विकास और कल्याण कार्यों तथा इनसे जुड़े अधिकारियों व कर्मचारियों पर नियंत्रण पूर्णतया उस इलाके के नागरिकों का होगा।

इस विचारधारा का मुख्य उद्‌देश्य आम नागरिक को निर्णय प्रक्रिया में शामिल करना और उसे प्रजातंत्र का सक्रिय अंग बनाना तथा अफसरशाही की जवाबदेही सुनिश्चित करना है।

'स्वराज' शब्द का प्रयोग भारतीय इतिहास में सर्वप्रथम गांधीजी ने किया था। गांधीजी की भी विचारधारा यही थी कि प्रत्येक भारतीय सशक्त बने। इसीलिए उन्होंने समाज के उस वर्ग को, जिसे शायद उनके समय में अत्यंत निम्न माना जाता था, उसे गले लगाया। उस समय गांधी जी ने अंग्रेजों के खिलाफ लड़ाई लड़ी थी जिससे कि हम भारतीय स्वराज प्राप्त कर सकें। देश आजाद हुआ, कागजों पर देश स्वतंत्र हुआ। परंतु असलियत यह थी कि व्यवस्था में कोई परिवर्तन हुआ। जिस आम भारतीय ने उस समय स्वतंत्रता संग्राम की लड़ाई लड़ी, वो सशक्त नहीं हुआ। भारतीय प्रजातंत्र के निर्माण में उसकी भागीदारी नहीं थी। न अंग्रेज सरकार ने आम भारतीयों की समस्या को महसूस किया और न ही स्वतंत्रता के पश्चात् भारतीय नेताओं ने आम जनता को उससे संबंधित फैसले लेने में सम्मिलित किया। ऐसा नहीं था कि उस समय के नेताओं में सेवाभाव की कमी थी, कमी यह रही थी सत्ता अंग्रेजों के हाथ से भारतीय नेताओं के हाथों में चली गयी और शायद कभी किसी ने इसकी आवश्यकता महसूस नहीं की।

परंतु भारत की जनसंख्या बढ़ी तो समस्याएं भी बढ़ीं और साथ ही समाज के हर तबके की अपनी समस्याएं सामने आयीं। स्वतंत्रता प्राप्ति के पश्चात् बहुत सी सरकारें आयीं, लेकिन किसी ने आम लोगों की समस्याओं की ओर ध्यान नहीं दिया जिसका कारण यह था कि किसी ने आम लोगों के बीच जाकर उनसे जानने की कोशिश ही नहीं की कि उनकी असल समस्याएं क्या हैं।

पिछले कई चुनावों में देखा गया है हर नेता गांधीजी के नाम का इस्तेमाल करके अपने आपको गौरवान्वित करता रहा है, लेकिन शायद ही किसी में गांधीजी के समान सेवाभाव या निचले तबके के प्रति वास्तविक समर्पण देखा गया।

6 केजरीवाल और उनका स्वराज

अरविंद केजरीवाल गांधीजी के स्वराज को सही मायनों में साकार करने हेतु आम जनता के हाथों में अपने फैसले लेने का अधिकार देने के पक्षधर रहे हैं। उनका मानना यह है कि यदि आप अमरीका को देखें, तो वहाँ स्थानीय स्तर पर सभी निर्णय स्थानीय जनता द्वारा लिए जाते हैं। इसलिए नियमित रूप से स्थानीय लोगों की मीटिंग होती है और आम जीवन को प्रभावित करने वाले विषयों पर निर्णय लिए जाते हैं। परंतु हमारे देश में स्थिति एकदम विपरीत है। यहाँ किसी भी इलाके के लोगों की समस्याओं के निवारण हेतु निर्णय कम ही लिए जाते हैं। बड़े-बड़े अधिकारी जो ए.सी. दफ्तरों में बैठे रहते हैं, जिनका निम्नवर्गीय लोगों या किसी इलाके की समस्याओं की सही जानकारी भी नहीं है, वे उनके लिए कल्याणकारी योजनाएँ बनाते हैं और इन योजनाओं का इलाके की समस्याओं से दूर-दूर तक कोई वास्ता नहीं होता।

अरविंद ने एक जगह जिक्र किया है कि, जब परिवर्तन के लोग जल के निजीकरण के विषय में शीला दीक्षित से मिले, तो शीला दीक्षित का कथन था "लोग चाहते हैं जल का निजीकरण।" तब अरविंद ने इसका पुरजोर विरोध करते हुए कहा, "लोग ऐसा नहीं चाहते।"

लोग क्या चाहते हैं क्या नहीं, आज की लोकतंत्र व्यवस्था में इसका फैसला लोग स्वयं नहीं करते। उनकी प्राथमिकताएं तो तय करते हैं आला अधिकारी।

भारतीय राजनीति के इतिहास में ऐसा पहली बार हुआ कि स्वतंत्रता प्राप्ति के कई दशकों के बाद एक ऐसा व्यक्तित्व सामने आया जिसने

गांधीजी 'स्वराज' को सार्थक करने की दिशा में एक अभियान की शुरुआत की।

सत्ता के गलियारों में 'पारदर्शिता' शब्द का प्रयोग प्रत्येक पार्टी भरपूर ढंग से करती है, परंतु पारदर्शिता के साथ जवाबदेही को महत्व नहीं दिया जाता है।

केजरीवाल ने पारदर्शिता के साथ जवाबदेही के लिए भी आवाज उठाई। वे भारतीय लोकतंत्र को बदलने की बात करते हैं। उनका मानना है कि चुनाव होने पर अगले पाँच साल के लिए जिन्हें चुना जाता है उन्हें अपने-अपने क्षेत्रों के स्थानीय लोगों की इच्छाओं के मुताबिक कार्य करना और फैसला लेना चाहिए। यह सुनने में तो असंभव लगता है परंतु यह संभव है।

यदि हम लोकतंत्र का इतिहास उठाकर देखें तो उसमें लोकतंत्र की परिभाषा कुछ इस प्रकार है-

"लोकतंत्र एक ऐसी राजनैतिक व्यवस्था है जिसके अंतर्गत औपचारिक राजनीतिक सत्ता में समाज के सभी सदस्यों की समान भागीदारी है।" परंतु वर्तमान में समाज के सभी सदस्यों की समान भागीदारी मुख्यरूप से चुनाव में मतदान के अधिकार तक सीमित है।

चुनाव में मतदान के बाद भारतीय आम नागरिक अगले पाँच साल के लिए दयनीय दशा में चला जाता है। तथाकथित लोकतंत्र की व्यवस्था के किसी अंग पर उसका कोई नियंत्रण नहीं रहता।

भारतीय इतिहास में लोकतंत्र का एक बहुत अच्छा उदाहरण है वैशाली का। वहाँ राज्य छोटे-छोटे ग्रामों में बँटा होता था और ग्राम से संबंधित सभी फैसले ग्राम की ग्रामसभा लेती थी न कि राज्य का राजा।

केजरीवाल का सपना इसी प्रकार के स्वराज को स्थापित करने का है। उनके अनुसार यह लक्ष्य असंभव नहीं है, इसे प्राप्त किया जा सकता है गाँवों में 'ग्राम सभा' बनाकर और शहरी इलाकों में "मुहल्ला सभा" बना कर। उन्होंने यह प्रयोग दो क्षेत्रों सुंदर नगरी और त्रिलोकपुरी में किया। इसके लिए उन्होंने उन इलाकों के पार्षदों और कुछ समझदार

लोगों से बात की, उन्हें केजरीवाल का प्रस्ताव अच्छा लगा और वे फौरन इस पर अमल करने को तैयार हो गये। सर्वप्रथम एक वार्ड को उसकी जनसंख्या के अनुसार कई भागों में बाँटा और प्रत्येक भाग को 'मुहल्ला' कहा गया।

हर मोहल्ले में बनी मुहल्ला सभा के मिलने का दिन सुनिश्चित किया गया। सभा से पहले इलाके में सबको नोटिस भेज कर सूचित किया गया कि आपकी समस्याओं के समाधान हेतु आपकी राय लेनी है, इस दिन इस स्थान पर एकत्र हों। ऐसी सभाओं में स्थानीय लोगों के अतिरिक्त पार्षद के साथ-साथ सफाई, जल, विद्युत समेत अनेक विभागों के स्थानीय अधिकारी भी शामिल हुए। प्रत्येक विभाग के अधिकारी ने लोगों को अपना बजट ब्यौरा दिया, पार्षद ने अपना बजट ब्यौरा दिया। उसके बाद समस्याओं की प्राथमिकताएं स्थानीय लोगों ने तय कीं और उसका परिणाम यह हुआ कि लोगों की बहुत-सी समस्याएं स्थानीय स्तर पर ही हल होने लगीं।

अरविंद बताते हैं, **"बजट प्रायः पर्याप्त होते हैं, बस कमी यह रह जाती है कि उसे समस्याओं की प्राथमिकताओं के अनुसार पूर्णरूप से इस्तेमाल किया जाय न कि अधिकारी और पार्षद अपनी जेबें भरें।** लोगों की समस्याएं और मांगें इतनी नहीं हैं कि बजट पर्याप्त नहीं होता। उनकी समस्याएं जलभराव, स्ट्रीट लाइट न होने, सड़कों पर गड्ढे होने जैसी छोटी-छोटी समस्याएं हैं।"

मोहल्ला सभाओं ने एक बात का और ध्यान रखा कि ठेका देकर करवाये जाने वाले कार्यों का भुगतान तभी किया जाय जब मोहल्ले के स्थानीय निवासी उसके कार्य से संतुष्ट हों, अन्यथा नहीं।

केजरीवाल मानते हैं आमतौर पर लोग भले ही होते हैं, किंतु व्यवस्था के सताये होते हैं और शायद इसीलिए वे सही राह से भटक जाते हैं। इन भले लोगों के अंदर बसी अच्छाई का इस्तेमाल करना चाहिए। उनके अंदर यह विश्वास डालना अति आवश्यक है कि तुम्हारी भलाई, तुम्हारी ईमानदारी तुम्हारे लिए वरदान है न कि अभिशाप।

केजरीवाल के 'मुहल्ला सभा' प्रयोग के सकारात्मक परिणाम देखकर अब धीरे-धीरे और भी लोग आगे आए।

केजरीवाल ने अपने एक साक्षात्कार में एक बार कहा था, "इस प्रकार के प्रयोगों में जब भारी मात्रा में लोग जुड़ेंगे तो इन सफल प्रयोगों का भी विरोध अवश्य होगा।" इसका कारण यह है कि वो जानते हैं कि इस प्रकार के प्रयोगों से भ्रष्टाचार के उन्मूलन की दिशा में एक अच्छी प्रगति होगी।

आर.टी.आई. को अपना हथियार बनाकर भ्रष्टाचार से चुपचाप लड़ाई लड़ने वाला यह सिपाही आम लोगों से जुड़ा तो हमेशा से ही था। परंतु इसका दायरा सीमित था और उस दायरे में सिमटे रहकर भ्रष्टाचार की जड़ों तक पहुँचने और उन्हें हिला देना संभव नहीं था।

अरविंद केजरीवाल ने आयकर विभाग में काम करते हुए अपने अनुभवों का जिक्र अपनी पुस्तक 'स्वराज' में करते हुए लिखा है, "90 के दशक के अंत में आयकर विभाग ने कई बहुराष्ट्रीय कंपनियों का सर्वे किया। इस सर्वे में ये कंपनियां रंगे हाथों टैक्स चोरी करते पकड़ी गई। कंपनियों ने अपना अपराध स्वीकार किया और बिना किसी अपील के सारा टैक्स जमा करा दिया। ऐसी ही एक कंपनी के सर्वे के दौरान उसके विदेशी मुखिया ने आयकर टीम को धमकी दी - 'भारत एक बहुत गरीब देश है। हम आपकी मदद करने के लिए आए हैं। आपको पता नहीं है, हम कितने ताकतवर हैं। हम चाहें तो आपकी संसद में कोई भी कानून पारित करवा सकते हैं। हम आप लोगों का तबादला भी करा सकते हैं।' इसके कुछ दिन बाद ही हमारी टीम के एक वरिष्ठ ऑफिसर का तबादला कर दिया गया।"

उस समय तो अरविंद को लगा कि शायद वह व्यक्ति खीझकर ऐसी बातें कर रहा है किंतु सन् 2008 में सांसदों की खरीद-फरोख्त के मामले के सामने आते ही उन्हें इस बात में सच्चाई नजर आने लगी।

आयकर विभाग की नौकरी पहला ऐसा अनुभव था जिसने भ्रष्टाचार से उनका पहला साक्षात्कार करवाया।

यहाँ इस बात का जिक्र करना अति आवश्यक है कि आर.टी.आई. को हथियार बनाकर भ्रष्टाचार के खिलाफ लड़ने वाले अनेक लोगों ने न केवल अपनी जान गंवाई, बल्कि बहुत से आर.टी.आई. कार्यकर्ताओं पर हमले भी हुए।

हाल ही में हुए सर्वे से अनुमान लगाया गया है कि भारत में भ्रष्टाचार से न केवल वृद्धि दर लड़खड़ाई है, साथ ही हजारों बिलियन डालरों की हेराफेरी हुई। स्वतंत्रता प्राप्ति के पश्चात् से कर चोरी अन्य अपराध तथा भ्रष्टाचार के कारण हुए गैरकानूनी वित्त प्रवाहों के देश को लगभग 500 बिलियन डालरों का नुकसान हुआ।

वैसे अगर भारतीय राजनीति के इतिहास को खंगालें तो देखेंगे घोटाले की राजनीति कई दशक पुरानी है। लेकिन बहुत पीछे न जाकर 80 के दशक के उत्तरार्द्ध से देखें तो घोटालों की सूची कुछ इस प्रकार बनेगी। 1987 में बोफोर्स घोटाला, 1989 में सेंट किटीस, 1990 में एअरबस घोटाला, 1992 में हर्षद मेहता प्रतिभूति घोटाला, 1994 में चीनी आयात घोटाला, 1995 में यूगोस्लाव दीनार घोटाला, मेघालय वन घोटाला, 1996 में टेलीकॉम घोटाला, चारा घोटाला, खाद आयात घोटाला, 1997 में जलगाँव हाउसिंग घोटाला, 2000 में यू.टी.आई. घोटाला, भारत-द॰अफ्रीका मैच फिक्सिंग घोटाला, 2001 में केतन पारेख प्रतिभूति घोटाला, 2002 में स्टाम्प पेपर घोटाला, 2003 में हुडको घोटाला, 2004 में गेगांग अपांग पी.डी.एस स्कैम, 2005 में ताज कोआपरेटिव ग्रुप हाउसिंग घोटाला, बिहार बाढ़ राहत घोटाला, 2006 में उ.प्र. आयुर्वेदिक घोटाला, 2008 में हरियाणा शिक्षक भर्ती घोटाला, 2009 में मधुकोड़ा खदान घोटाला, उड़ीसा खदान घोटाला, चावल निर्यात घोटाला, 2010 में म.प्र. मनरेगा घोटाला, झारखंड मनरेगा घोटाला, आई.पी.एल. घोटाला, 2011 में आदर्श हाउसिंग सोसायटी घोटाला, बेलारी माइनिंग घोटाला, एल.आई. सी. हाउसिंग लोन घोटाला, उ.प्र. टी.ई.टी. घोटाला आदि।

2012 और 2013 के दौरान हुए घोटालों ने स्वतंत्र भारत के इतिहास में हुए लगभग सभी घोटालों का रिकॉर्ड तोड़ दिया, इन दो वर्षों में लगभग इतने घोटाले हुए जो स्वतंत्र भारत के संपूर्ण इतिहास में नहीं हुए थे।

इस फेहरिस्त के समस्त नाम देना यहाँ संभव नहीं है परन्तु उनमें से कुछ हैं जैसे- कर्मचारी प्रोविडेंट फंड घोटाला, एल.टी.सी. घोटाला, रेडिया टेप प्रकरण, सौ करोड़ में राज्यसभा सीट प्रकरण, उत्तर प्रदेश का गैरकानूनी रेत खनन घोटाला, रेलवे पदोन्नति घोटाला, केरल सोलर पैनल, उड़ीसा भूमि आवंटन, उड़ीसा खदान घोटाला, सारदा ग्रुप फाइनेंसिंग घोटाला, हेलीकाप्टर घूस कांड, तमिलनाडु ग्रेनाइट घोटाला, महाराष्ट्र सिंचाई घोटाला, आंध्र प्रदेश भूमि घोटाला, महाराष्ट्र स्टाम्प घोटाला, म्हाडा घोटाला आदि।

पिछले कुछ दशकों में विभिन्न सरकारें आईं, तथाकथित विकासशील योजनाएं भी आईं। विभिन्न क्षेत्रों में क्या विकास हुआ, क्या नहीं इस विषय में कुछ भी कह पाना थोड़ा मुश्किल ही होगा। लेकिन इस दौरान एक क्रांति अवश्य आयी-वह थी सूचना एवं जनसंचार क्रांति। इस क्रांति के परिणामस्वरूप ही विभिन्न घोटाले आम जनता के सामने खुले और तभी आम लोगों को इस बात का भान हुआ कि कर या राजस्व के रूप में वो जो धन सरकार को देते हैं उसका इस्तेमाल आखिर हो कहाँ रहा है और साथ ही उनकी आंखें भी खुलीं की जिन्हें वो अपना सेवक समझ रहे थे वो असलियत में भक्षक थे।

आए दिन विभिन्न संचार माध्यमों जैसे अखबार, टी.वी., इंटरनेट के जरिए सालों से गुप्त रूप से चल रहे घोटालों का खुलासा हुआ। एक के बाद एक घोटालों के कारण आम जनता में रोष व्याप्त होता जा रहा था। घोटाले तो घोटाले, किसी भी सरकारी विभाग में ईमानदारी से काम करवाने की इच्छा रखने वाले लोगों की एड़ियाँ घिस जातीं, वहीं घूस देकर लोग गैरकानूनी काम भी करवा लेते। जनता में नाराजगी तो बहुत पहले से थी, परंतु सत्ता पर काबिज हृदयहीन नेताओं को इन सबसे कोई वास्ता ही नहीं रहा। वे अपनी सत्ता के नशे में चूर, कानों में रूई डाले तानाशाही चलाते चले जा रहे थे। वहीं दूसरी ओर देशवासियों का धैर्य टूटता जा रहा था। आम नागरिक के इस गुस्से को सही मार्गदर्शन की आवश्यकता थी, उस गुस्से को एक ऐसी शक्ति में परिवर्तित करने की

आवश्यकता थी, जो मौजूदा राजनैतिक परिदृश्य में बदलाव ला सके। इस जरूरत को साकार रूप देने हेतु लोगों को एक साथ लाकर एक मंच पर खड़ा करना था। यह मंच प्रदान किया अरविंद केजरीवाल ने।

अरविंद अपने विद्यार्थी जीवन में वाद-विवाद प्रतियोगिताओं में भाग लिया करते थे। उन दिनों उनकी जीव विज्ञान की शिक्षिका थी मिसेज चोपड़ा, जिनके साथ वो भविष्य के बारे में चर्चा करते। उनके इस गुण को देखकर ही मिसेज चोपड़ा ने उन्हें भाषण देने की कला सीखने को प्रेरित किया। जब आम नागरिक में व्याप्त रोष को सकारात्मक ऊर्जा का रूप देकर उन्हें एक मंच पर खड़ा करना था, तब उनमें छुपा वक्ता बाहर आया और उसने अपने जोशीले और ऊर्जावान भाषणों से लोगों में एक नया जोश, नयी ताकत भर दी।

अरविंद अपने संगठनों के माध्यम से भ्रष्टाचार से लगातार अपनी जंग जारी रखे हुए थे। बहुत सारे मुद्दों पर उन्होंने काम भी किया परंतु इन सबके दौरान उन्हें लगा गया कि इस भ्रष्टाचार की जड़ें राजनीति में हैं। भ्रष्ट और आपराधिक तत्वों को पूरा-पूरा संरक्षण प्राप्त है। कहा जाता है 'जस राजा तस प्रजा', जब सत्ता में शामिल लोग ही भ्रष्टाचार में लिप्त होंगे तो उनके अधीनस्थ कर्मियों में भी भ्रष्टाचार स्वत: ही व्याप्त हो जाएगा। फिर उनमें किसी भी प्रकार का गलत काम करने में कोई भय नहीं होगा।

इसी संदर्भ में एक घटना याद आती है। यह बोफोर्स घोटाले के खुलासे के कुछ समय बाद की बात है, हमारे एक संबंधी अपनी माताजी का मृत्यु प्रमाण पत्र लेने नगरपालिका कार्यालय पहुँचे तो उनसे मृत्यु प्रमाण पत्र देने के बदले दो सौ रुपये की रिश्वत मांगी गयी, विरोध करने पर वहाँ के कर्मचारी का जवाब था, "जब सरकार देश की सुरक्षा दाँव पर लगाकर अपनी जेबें भर सकती है, तो हम तो फिर भी किसी का कुछ बिगाड़ नहीं रहे, मृत्यु प्रमाण पत्र देने के बदले 'सुविधा शुल्क' ही तो माग रहे हैं।"

इस घटना से स्पष्ट रूप से जाहिर होता है कि भ्रष्टाचार में लिप्त लोगों में किसी का कोई खौफ नहीं।

आर.टी.आई. के इस्तेमाल से भ्रष्टाचार का खुलासा तो हो रहा था परंतु अपराधियों को सजा देने में यह अधिनियम समर्थ नहीं था। पिछले कई दशकों से जिस तरीके से राजनीति का चेहरा बदला उसे देखकर लग गया कि जब तक भ्रष्टाचार में लिप्त उच्च पदाधिकारियों तथा राजनीतिज्ञों को दण्ड नहीं मिलेगा तब तक इस बुराई पर रोक लगने वाली नहीं, क्योंकि भ्रष्टाचार के वृक्ष की सिंचाई और पोषण तो यही लोग कर रहे हैं। तब केजरीवाल ने वयोवृद्ध गांधीवादी सत्याग्रही नेता अन्ना हजारे द्वारा चलाये जा रहे जन लोकपाल बिल आंदोलन के साथ जुड़कर समस्त देशवासियों को एकजुट करने की मुहिम चलायी। केजरीवाल अन्ना हजारे के प्रथम पंक्ति के सिपाही बने और भ्रष्टाचार विरोधी इस आंदोलन को तीव्रता प्रदान की और जनमानस के भीतर इस आंदोलन की मशाल प्रज्ज्वलित कर दी।

7 एक और गांधी-अन्ना हजारे

लोकपाल बिल का जिक्र जब भी आयेगा, तो एक व्यक्ति का जिक्र जरूर होगा और वो हैं वयोवृद्ध गांधीवादी अन्ना हजारे। अपने आप को गांधीवादी बताने वाले तो बहुत मिलेंगे परन्तु सही मायनों में गांधीजी की राह पर चलने वाले विरले ही होंगे।

किशन बाबूराव हजारे, जिन्हें आज पूरा विश्व अन्ना हजारे के नाम से जानता है, एक सच्चे सत्याग्रही, जिन्होंने अपना जीवन ही देश सेवा के नाम कर दिया है, एक ऐसे सामाजिक कार्यकर्ता हैं जिसने गांवों में विकास, सरकारी तंत्र में पारदर्शिता, सरकारी तंत्र में पल रहे भ्रष्टाचार और उसमें लिप्त अधिकारियों और नेताओं को दण्ड जैसे तमाम मुद्दों को उठाकर जन आंदोलन चलाए। साथ ही एक बार पुनः लोगों को दिखा दिया "गांधी की जरूरत कल भी थी और आज भी है।"

प्रारंभिक जीवन

अन्ना हजारे का जन्म 15 जून 1937 को महाराष्ट्र के अहमद नगर जिले के भिंगर नामक स्थान पर हुआ था। आपके पिता जी का नाम बाबूराव हजारे और माता जी का नाम लक्ष्मी बाई था।

अन्ना के पिताजी आयुर्वेद आश्रम फॉर्मेसी में एक अप्रशिक्षित श्रमिक थे। घर में पैसों का अभाव बना ही रहता था। घर में उनके चार भाई और दो बहनें भी थीं। इतने बड़े परिवार का पालन-पोषण करना

सहज नहीं था। कदाचित इसीलिए पूरा परिवार थोड़े समय बाद पैतृक गांव रालेगण सिद्धि चला गया जहाँ उनके पास खेती लायक थोड़ी-सी जमीन थी। उन दिनों रालेगण में कोई प्राथमिक विद्यालय नहीं था। उनके एक रिश्तेदार बालक किशन की शिक्षा-दीक्षा का दायित्व अपने ऊपर ले लिया और अपने साथ मुम्बई ले गया। परन्तु किशन की पढ़ाई-लिखाई बहुत नहीं हो पायी, क्योंकि जब वो सातवीं कक्षा में ही था, वह रिश्तेदार भी उनकी पढ़ाई-लिखाई का दायित्व उठाने में असमर्थ हो गया। इस तरह किशन की पढ़ाई सातवीं तक ही हो पायी। माता-पिता तो पहले से वित्तीय तौर पर कमजोर थे। किशन ने वापस रालेगण न जाकर मुम्बई में ही दादर रेलवे स्टेशन के आस-पास फूल बेचना शुरू कर दिया और धीरे-धीरे फूलों की अपनी ही दो दुकानें खोल लीं। फूलों की दुकानें चलाने के साथ हजारे उन गुटों में भी शामिल हुए, जिनका काम भू-स्वामियों द्वारा गरीबों को उनके आश्रयों से बाहर निकालने के लिए भेजे गये गुंडों से उन गरीबों का बचाव करना था।

हजारे सन् 1960 में भारतीय सेना में भर्ती हो गये। उनकी शैक्षिक योग्यता इतनी तो थी नहीं कि कोई अच्छा ओहदा मिलता, इसलिए आरंभ में उनकी भर्ती ट्रक ड्राइवर के रूप में हुई। आगे चलकर उनकी प्रोन्नति सैनिक के रूप में हो गयी और हजारे एक सैनिक के रूप में देश सेवा में लग गये।

अन्ना ने 1960 से 1975 तक सेना में रहकर देश सेवा की लेकिन उस समय उन्होंने अपनी नौकरी को एक पेशे के रूप में ही देखा। परंतु सेना की नौकरी के दौरान उनके साथ कुछ ऐसी घटनाएं हुईं जिन्होंने जीवन के प्रति उनकी सोच को पलट कर रख दिया।

1965 में हुए भारत-पाक युद्ध के दौरान अन्ना की तैनाती खेम करन सेक्टर में थी। वो जब सेना से भरे एक ट्रक को चला रहे थे तभी उनके ट्रक पर शत्रुओं ने हमला कर दिया, उस हमले में ट्रक में बैठे सभी मारे गये परंतु अन्ना बच गये।

ऐसी ही एक घटना उनके साथ नागालैण्ड (1971) में हुई। एक रात उनकी चौकी पर नागा विद्रोहियों ने हमला कर दिया। चौकी पर तैनात उनके समस्त साथी मारे गये, परंतु अन्ना बच गये क्योंकि वो उस समय शौच के लिए चौकी से बाहर गये हुए थे।

इन घटनाओं ने उनके जीवन को बदल दिया। एक समय था जब वे युद्धकाल और घर की गरीबी जैसी परेशानियों के कारण हताश रहते थे, जीवन के मूल्य को समझते ही नहीं थे। परंतु जिस प्रकार चमत्कारिक ढंग से वे रणभूमि में जीवित बच गये, उन्हें लग गया कि ईश्वर ने उन्हें जीवित रखा है तो किसी उद्‌देश्य से ही रखा होगा। वहीं उन्होंने निश्चय किया कि अब वो अपना जीवन देश सेवा में समर्पित कर देंगे।

अन्ना अपने खाली समय में स्वामी विवेकानंद, महात्मा गांधी और विनोबा भावे की जीवन गाथाएं और उनके विचारों का अध्ययन करते थे। इन महापुरुषों की जीवन गाथाओं ने उन्हें गहन चिन्ता करने को विवश कर दिया, जिसका परिणाम यह हुआ कि रालेगण सिद्धि का एक साधारण सा व्यक्ति किशन सामाजिक कार्यकर्ता अन्ना हजारे बन गया।

1957 में अन्ना हजारे सेना की नौकरी से सेवा निवृत्त हो गये।

रालेगण सिद्धि का काया पलट

1975 में अन्ना जब वापस रालेगण सिद्धि लौटे तब वहाँ की स्थिति बहुत खराब थी। लोग भुखमरी, गरीबी, निराशा, हताशा से ग्रस्त थे, पर्यावरण संतुलन बिगड़ा हुआ था। लोगों के पास थोड़ी-बहुत जमीनें तो थीं, लेकिन वो भी खेती लायक नहीं थीं, क्योंकि पथरीली जमीन होने के कारण उसमें जल का अवशोषण नहीं होता था। सूखे जैसी स्थिति लगातार बनी रहती थी। गांव वासियों के लिए जीवनयापन करना अत्यधिक दुष्कर हो गया था, बहुत से लोग महाजन के कर्जों के बोझ तले दबे थे, पेट की भूख शांत करने के लिए लोग आपराधिक गतिविधियों में शामिल हो रहे थे। शिक्षा और रोजगार के अवसर नगण्य

थे। कुछ लोग गैर-कानूनी रूप से शराब बनाने के काम में लगे थे। जिसका परिणाम यह हुआ था कि लोगों में शराब की लत भी बढ़ती जा रही थी।

हजारे सेना से सेवा निवृत्त होकर वापस रालेगण आए थे इस कारण आर्थिक रूप से उनकी स्थिति गाँव के अन्य लोगों की तुलना में बेहतर थी। यहाँ आकर अन्ना को तो मानो अपने जीवन का मकसद ही मिल गया। गाँव की दुर्दशा देख उन्हें अत्यंत दुःख हुआ और उन्होंने निश्चय किया कि अब सबसे पहले तो अपने गाँव की दशा में सुधार लाना होगा। इस काम के लिए उन्हें गाँव के अन्य लोगों के सहयोग की आवश्यकता थी और उसके लिए गाँव के लोगों के लिए केन्द्रबिन्दु तय करना था। हजारे ने गाँव के जर्जर पड़े मंदिर को केन्द्र बनाया और उसके जीर्णोद्धार हेतु लोगों से सहयोग करने को कहा। इस कार्य की शुरुआत के लिए अन्ना ने अपना वो धन, जो उन्हें सेना की नौकरी से रिटायर होने के बाद मिला था, दान कर दिया।

अन्ना की इस पहल को देखकर धीरे-धीरे कुछ प्रौढ़ लोग सामने आये कुछ लोगों ने थोड़ी बहुत आर्थिक सहायता दी तो कुछ लोगों ने श्रमदान किया। कुछ समय बाद गाँव के कुछ युवा लोग भी इस कार्य में शामिल हो गये। अन्ना ने इन युवाओं को संगठित किया और उनके संगठन को नाम दिया तरूण मण्डल।

मद्यपान और मदिरा निर्माण पर रोक

गाँव की दुर्दशा में सुधार लाने हेतु आवश्यक था कि पहले गाँव वासियों में सुधार लाया जाय। उन दिनों गाँव में गैर कानूनी ढंग से शराब बनाने का धंधा खूब चल रहा था, जो अपने आप में तो गैर कानूनी था ही, साथ ही इसके कारण गांव के तमाम लोगों में इसका सेवन करने की लत लग गई थी। अन्ना और उनके युवा सहयोगियों ने मदिरा निर्माण और मदिरासेवन को रोकने हेतु मुहिम चलाई।

गाँव के मंदिर पर एक सभा बुलाई गई और वही इस काम में लगे लोगों ने अपनी मदिरा निर्माण इकाइयाँ बन्द करने और गाँव में मद्य निषेध की शपथ ली। अधिकांश लोगों ने मंदिर में ली शपथ के धार्मिक प्रभाव में आकर अपनी इकाइयाँ बंद ही कर दीं। कुछ लोग ऐसे थे, जिन्होंने इस पर कोई ध्यान न देते हुए कानूनी और नैतिक रूप से गलत इस काम को जारी रखा। गाँव के युवा संगठन के सदस्यों ने मिलकर उनकी इकाइयाँ तोड़ दीं। चूंकि ये इकाइयाँ गैर कानूनी थीं, इसलिए इनके मालिकों ने पुलिस में कोई शिकायत दर्ज नहीं कराई। जो गांव वासी मदिरा सेवन करते थे, उन्हें समझाया बुझाया गया, दण्ड दिया गया। इस तरह गाँव को इस बुराई से छुटकारा तो मिल गया परंतु कानूनी तौर पर तो वहाँ मदिरा का व्यवसाय हो सकता था। इसके समाधान हेतु अन्ना ने महाराष्ट्र सरकार से यह कानून पारित करने की अपील की, कि यदि गाँव की 25% महिलाएं गांव में मद्यनिषेध चाहती हैं तो गाँव में मद्य निषेध कानूनी तौर पर लागू होना चाहिए। इस प्रकार अन्ना को गांव में फैली इस बुराई पर लगाम लगाने में सफलता प्राप्त हुई, परन्तु गांव में अभी-भी लोगों को तम्बाकू, बीड़ी आदि का सेवन करने की लत थी। अब इन व्यसनों पर भी लगाम लगानी थी। इसके लिए गाँव में एक अनोखी होली जलाई गई। गाँव के युवा गांव की दुकानों से बीड़ी सिगरेट और तम्बाकू के पैकेट उठा लाये और उन्हें जला दिया। इसके बाद से गाँव में ये सब बिकना बंद हो गया।

अनाज बैंक की स्थापना

गाँव में प्रायः ऐसा होता था कि कभी सूखा पड़ जाता था या कभी किसी अन्य कारण से फसल अच्छी नहीं होती थी। इसका परिणाम यह होता था कि गाँव वासियों को या तो भूखे रहना पड़ता था या फिर अनाज खरीदने के लिए महाजन से उधार लेना पड़ता था, जो उन्हें बहुत ऊँची ब्याज दर पर कर्ज देता था।

अन्ना ने इन समस्याओं से निपटने के लिए 1980 में गाँव के मंदिर में एक अनाज बैंक की स्थापना की। इसका उद्‌देश्य यह था कि विषम परिस्थितियों में जरुरत मंद किसानों को खाद्‌य सुरक्षा प्रदान की जा सके।

इस बैंक में अनाज कहीं और से नहीं बल्कि गाँव से ही आता था। गाँव के धनी किसान और जिनकी फसल अच्छी हुई हो वे अपने अतिरिक्त अनाज में से 'एक कुन्तल' अपनी स्वेच्छा से दान कर सकते थे। इस प्रकार काफी अनाज बैंक में जमा हो गया।

कोई भी जरुरतमंद किसान वहाँ से अनाज उधार ले सकता था, परंतु इसके बदले में उन्हें कोई धन नहीं बल्कि केवल अनाज वापस करना होता था, साथ ही ब्याज के रूप में एक कुन्तल अतिरिक्त अनाज।

अन्ना के इस कदम से कई समस्याओं का समाधान मिल गया। इसके बाद से गाँव में कोई भूखा न रहा, न ही किसी को महाजन से कर्ज लेना पड़ा और साथ ही फसल कटाई के बाद बहुत कम कीमत पर अनाज बेचने की मजबूरी से भी किसान बच गए।

जल संचय कार्यक्रम

रालेगण सिद्धी पहाड़ी ढलान पर बसा हुआ है। सिंचाई के लिए प्रयुक्त जल या वर्षा का जल तेजी से नीचे की ओर बह जाता था, जिसकी वजह से खेती के लिए जल की कमी बनी रहती थी। जल का स्तर भी काफी नीचे था। इन सबके समाधान हेतु अन्ना ने गाँव के लोगों के साथ मिलकर जल को व्यर्थ ही बह जाने से रोकने के लिए तटबंध बनाने, जिससे जल रुकने लगा और धरती में अवशोषित होने लगा। फलस्वरूप जलस्तर बढ़ गया और सिंचाई में सुधार हुए व धीरे-धीरे गाँव में जलाभाव की समस्या का निदान हो गया।

सूखे से निपटने का अन्ना का प्रयास केवल रालेगण सिद्धी तक ही सीमित नहीं रहा। रालेगण में किए अपने प्रयोग के बाद अन्ना ने महाराष्ट्र के सूखा ग्रस्त इलाको में बसे सत्तर से भी अधिक गाँवों के किसानों की सूखे से निपटने में मदद की।

अस्पृश्यता उन्मूलन

भारत के अन्य भागों की भाँति ही रालेगण में भी दलितों को अस्पृश्य समझा जाता था, उन्हें उच्च जाति के लोगों के साथ मिल कर रहने की अनुमति नहीं थी। अन्ना ने सही मायनों में गांधी जी की राह पर चलते हुए लोग को अस्पृश्यता और जाति-पाँति जैसी कुरीतियों से दूर होने के लिए प्रेरित किया। परिणाम यह हुआ कि सामुदायिक विवाह समारोहों में दलितों में अन्य जातियों के विवाह एक ही छत के नीचे होने लगे। दलित भी मुख्य धारा में शामिल होने लगे। उच्च जाति के संपन्न लोग दलितों के जीवन स्तर को उठाने हेतु बढ़-चढ़ कर सहयोग करने लगे। आज स्थिति यह है कि जाति-पाँति और भेदभाव जैसी कुरीतियाँ यहाँ से लगभग मिट चुकी हैं।

शिक्षा

जब अन्ना सेना की सेवा से निवृत्त होने के बाद रालेगण वापस आये तब वहाँ साक्षरता की दर मात्र 31% के लगभग थी। गाँव की जनसंख्या लगभग 3250 थी, परंतु उसमें से लगभग 300 पुरुष और 80 महिलाएँ ही साक्षर थी। वहाँ मात्र एक प्राइमरी स्कूल था, अत: लड़कियों की तो पढ़ाई प्राइमरी स्तर तक ही हो पाती थी। गाँव के लड़के तो आगे की शिक्षा के लिए फिर भी आस-पास के क्षेत्रों में चले जाते थे। हजारे ने गाँव के युवाओं के साथ मिल कर साक्षरता दर बढ़ाने और आगे की शिक्षा की सुविधा हेतु एक प्री स्कूल और एक हाईस्कूल की शुरुआत की।

ग्राम सभा

अन्ना ने गाँधी जी की राह पर चलते हुए ग्राम सभा की आवश्यकता पर जोर दिया। गाँधी जी के अनुसार 'गाँवों के विकास हेतु गाँवों में ग्राम सभाओं का गठन किया जाना चाहिए, जहाँ गाँव के विकास के लिए समस्त निर्णय सामूहिक तरीके से लिए जाने चाहिए।' गाँधी जी की इसी

विचारधारा की सरकार चलाई जाए, जिससे गाँवों के विकास में गाँव वालों की सक्रिय भागीदारी हो और उन्हें अपनी बात कहने का अधिकार मिले। अंततः अन्ना अपनी मांग पूरी करवाने में सफल हुए, जिसके परिणामस्वरूप आवश्यक हो गया कि गाँव में विकास हेतु कोई भी खर्च करने से पहले ग्राम सभा की सहमति लेना आवश्यक हो गया।

8 महाराष्ट्र में भ्रष्टाचार विरोधी आंदोलन

सन् 1991 में अन्ना ने रालेगण में भ्रष्टाचार विरोधी जन आंदोलन की शुरुआत की थी। उन्होंने उस समय वन अधिकारियों तथा लकड़ी व्यापारियों के बीच चल रही सांठ-गांठ का विरोध किया। फलस्वरूप भ्रष्ट वन अधिकारियों का ट्रांसफर या निलंबन हो गया।

1997 में अन्ना ने पावरलूम की खरीद-फरोख्त में हुई हेरा-फेरी के खिलाफ आवाज उठाई। 1997-98 में अन्ना के खिलाफ मानहानि का मुकद्दमा चला और उन्हें कुछ समय कारागार में भी बिताना पड़ा।

2003 में अन्ना ने कांग्रेस-एन सी पी सरकार के चार मंत्रियों के खिलाफ भ्रष्टाचार के आरोप लगाये और आमरण अनशन चालू किया। 9 दिन तक चले आमरण अनशन को अन्ना ने तब तोड़ा जब मुख्यमंत्री ने आरोपों की जाँच हेतु एक सदस्यीय कमीशन बनाया। इस कमीशन ने 2005 में अपनी रिपोर्ट दी। रिपोर्ट में तीन को दोषी पाया गया। जिनमें से दो ने कैबिनेट से त्यागपत्र दे दिया।

इस रिपोर्ट में अन्ना द्वारा चलाये जा रहे तीन ट्रस्टों के बारे में भी रिपोर्ट शामिल थी जिसमें इन ट्रस्टों पर भ्रष्टाचार, कुप्रशासन तथा खातों के रखरखाव में नियमों की अवमानना का आरोप लगाया गया था।

सूचना का अधिकार आंदोलन

2006 में अन्ना ने संशोधित महाराष्ट्र सूचना के अधिकार अधिनियम को लागू कराने हेतु अलंदी में आमरण अनशन किया, फलस्वरूप महाराष्ट्र सरकार को संशोधित अधिनियम लागू करना पड़ा।

स्थानांतरण नियमन तथा अधिकारिक दायित्व निर्वाह में विलंब से बचाव अधिनियम रेगुलेशन ऑफ ट्रांसफर्स एण्ड प्रिवेंशन ऑफ डिले इन डिस्चार्ज ऑफ ऑफिशियल ड्यूटीज़ एक्ट

सन् 2006 से पहले तक महाराष्ट्र में अधिकारियों के तबादले सरकार के इशारों पर होते थे। कहीं ईमानदार अधिकारी का तबादला साल भर से भी कम समय पर हो जाता और वहीं दूसरी ओर भ्रष्ट अधिकारी एक ही जगह पर सालों टिके रहते।

अन्ना ने मांग की कि एक ऐसा कानून बने जिसके तहत किसी भी अधिकारी का तबादला तीन वर्ष से पूर्व न हो और साथ ही अधिकारी किसी भी फाइल को एक निश्चित समय में पास करे। अन्ना के कई वर्षों के संघर्ष के बाद महाराष्ट्र सरकार ने उक्त अधिनियम पारित किया, जिसके तहत उन अधिकारियों के खिलाफ अनुशासनीय कार्यवाही का प्रावधान किया गया जो फाइलें बढ़ाने में विलंब करते हों व साथ ही एक ही पद पर लंबे समय से टिके हों तथा भ्रष्ट जाल तंत्र मे फंसे अधिकारियों पर नजर रखने का प्रावधान किया गया।

खाद्य अनाज से मदिरा उत्पादन के विरुद्ध आंदोलन

सन् 2001 में महाराष्ट्र सरकार ने औद्योगिक उत्पादों तथा मदिरा हेतु खाद्य अनाज से अल्कोहल का उत्पादन करने की नीति बनायी और अल्कोहल उत्पादन के लिए 36 लाइसेंस भी जारी कर दिए।

अन्ना ने सरकार की इस नीति का विरोध किया। उनका तर्क था कि सरकार को खाद्य अनाज आयात करना पड़ता है, साथ ही खाद्य अनाज से अल्कोहल बनाना उचित नहीं है। अन्ना के इस विरोध के कारण उन्हें किसान विरोधी कहा गया।

अंततः अन्ना ने शिर्डी में अनशन शुरू कर दिया। जब सरकार ने इस नीति की समीक्षा का वचन दिया तो अन्ना ने पाँचवें दिन अपना अनशन तोड़ दिया। हालांकि बाद में महाराष्ट्र सरकार ने उद्योग में लगे राजनीतिज्ञों तथा उनके सगे संबंधियो को लाइसेंस जारी कर दिए।

सरकार की इस नीति का विरोध योजना और वित्त विभागों ने भी किया। किन्तु सरकार ने यह कह कर अपने निर्णय को उचित ठहराया कि विदेशों में अल्कोहल की काफी मांग है।

अन्ना ने इस निर्णय के खिलाफ मुंबई हाईकोर्ट की नागपुर शाखा में याचिका दायर की। 2009 में सरकार ने अपनी इस नीति पर रोक लगा दी। परंतु पहले जारी किए गये लाइसेंस रद्द नहीं किए गये। 2011 में न्यायालय ने इस मुकदमे की सुनवाई करने से इंकार कर दिया। महाराष्ट्र सरकार के मुख्य सचिव ने स्पष्ट शब्दों में कह दिया, "इन लाइसेंसों को रद्द करने के लिए कोई कानून नहीं है।"

अन्ना हजारे-देशव्यापी भ्रष्टाचार विरोधी आंदोलन के अगुआ

अन्ना पिछले कई वर्षों से अपने पैतृक गाँव रालेगण सिद्धी के विकास और महाराष्ट्र सरकार की नाक तले फल-फूल रहे भ्रष्टाचार से लड़ रहे थे। परंतु अब समय आ गया था कि अन्ना अपना दायरा बढ़ाएं और पूरे देश को भ्रष्टाचार के खिलाफ खड़ा करें। देश को एक ऐसे नेता की आवश्यकता थी, जो देश के समस्त वर्गों को इस उद्देश्य के लिए एकजुट कर सके।

अन्ना ने हमेशा से ही अपना विरोध गांधीवादी तरीके से जताया था। सन् 2011 में देश में 'इंडिया अगेन्स्ट करप्शन' के नाम से एक जन आंदोलन की शुरुआत हुई जिसकी अगुआई अन्ना ने की। इसी आंदोलन के जरिए एक सशक्त जन लोकपाल बिल बनाए जाने की मांग उठी।

यही वो मंच था जिसने अरविंद केजरीवाल को अन्ना से जोड़ा। अरविंद अन्ना के प्रमुख सिपाहियों में शामिल हुए और अन्ना के

आंदोलन को गति प्रदान की। अन्ना के इस आंदोलन में विभिन्न क्षेत्रों के लोग सम्मिलित हो गये और इस प्रकार टीम अन्ना का जन्म हुआ। इस टीम के सदस्यो में किरन बेदी (पूर्व पुलिस अधिकारी), शांति भूषण (वकील), प्रशांत भूषण (वकील), अरविंद केजरीवाल (पूर्व पुलिस अधिकारी और सामाजिक कार्यकर्ता), संतोष हेगड़े (सुप्रीम कोर्ट के पूर्व जज), मनीष सिसोदिया (पूर्व पत्रकार जी न्यूज), शाज़िया इल्मी (पूर्व न्यूज़ एंकर-स्टार न्यूज़), अभिनंदन सेखरी (पूर्व टीवी न्यूज़ रिपोर्टर), कुमार विश्वास (हिन्दी के प्रोफेसर और कवि) जैसे तमाम विशिष्ट लोग शामिल थे।

सन् 2011 में भ्रष्टाचार के विरोध में चला आंदोलन एक ऐसी शुरुआत थी, जिसने स्वतंत्र भारत के इतिहास में पूरे देश में एक साथ भ्रष्टाचार विरोधी प्रदर्शनों की एक लम्बी श्रृंखला बना दी। पूरे देश में इस आंदोलन के समर्थन में, जिसे 'जन लोकपाल बिल आंदोलन' भी कहा गया, जगह-जगह प्रदर्शन शुरू हो गये।

इस आंदोलन ने तब और भी जोर पकड़ लिया जब अन्ना हजारे नयी दिल्ली में जंतर मंतर पर भूख हड़ताल के लिए बैठ गये। उनकी अगुआई में हुए इस आंदोलन के ज़रिए सशक्त जन लोकपाल बिल की मांग की गयी, जिससे सरकार और सरकारी विभागों में व्याप्त भ्रष्टाचार पर लगाम लगाई जा सके।

पूरे देश में इस आंदोलन की लहर इस प्रकार दौड़ गयी, मानो गुलाम भारत में गांधी जी के नेतृत्व में अंग्रेजों के खिलाफ चले आंदोलन का युग फिर से लौट कर आ गया हो। अंतर मात्र इतना था कि वह आंदोलन अंग्रेजों के खिलाफ था और यह भ्रष्टाचार के खिलाफ। तब जंग विदेशियों से थी, अब जंग अपनों से थी। यह आंदोलन पूर्ण तथा अहिंसक था। जगह-जगह शांतिपूर्वक ढंग से रैलियाँ निकाली गयीं, प्रदर्शन हुए, भूख हड़ताल की गयी और साथ ही लोगों को संगठित करने, जागरूक करने और आंदोलन के समर्थन में आवाज उठाने हेतु संचार माध्यमों का भी भरपूर उपयोग हुआ।

4 अप्रैल, 2011 को अन्ना ने घोषणा की कि वो आमरण अनशन करेंगे और यह तब तक जारी रहेगा जब तक सरकार भ्रष्टाचार उन्मूलन हेतु कोई व्यापक उपाय नहीं करती। साथ ही उन्होंने एक सशक्त जन लोक पाल बिल की मांग की। जन लोकपाल बिल की ड्राफ्टिंग समिति में शामिल शरद पवार के निष्कासन तथा 'सिविल सोसायटी' के कम से कम एक सदस्य को सम्मिलित करने की भी मांग की गयी।

5 अप्रैल को अन्ना ने जंतर-मंतर दिल्ली पर अपना अनशन आरंभ किया। पूरे देश में इस आंदोलन के समर्थन की लहर दौड़ गयी। अन्ना के इस आंदोलन का व्यापक प्रभाव दिखा।

7 अप्रैल तक स्थिति यह थी कि न तो सरकार इन कार्यकर्ताओं को बेहतर विकल्प दे पाई, न ही अन्ना का अनशन टूटा। सरकार बिल के परीक्षण हेतु एक पैनल बनाने पर तो सहमत थी किन्तु इस पैनल का मुखिया हजारे को नहीं बनाना चाहती थी। यही कारण था अन्ना का अनशन जारी रहा।

सरकार के इस अड़ियल रवैये की भरसक निन्दा हुई। सोनिया गांधी ने हजारे से अनशन तोड़ने की अपील की। इस आंदोलन का लाभ उठाने की कोशिश अनेक राजनैतिक दलों ने की, किन्तु किसी भी राजनैतिक व्यक्ति को इसमें शामिल होने नहीं दिया गया, क्योंकि इस आंदोलन से जुड़े समस्त कार्यकर्ता अन्ना की राह पर चलते हुए इसे राजनैतिक नहीं बल्कि जन आंदोलन ही बनाए रखना चाहते थे। यहाँ तक कि जंतर-मंतर पर एकत्र भारी जन समूह ने ही बहुत से नेताओं को वहाँ ठहरने नहीं दिया। धीरे-धीरे इस क्रांति ने देश के प्रमुख नगरों मुम्बई, कोलकाता, चेन्नई, भोपाल, पटना, हैदराबाद, रांची, पुणे, जम्मू, तिरुवनन्तपुरम, जयपुर समेत अनेक छोटे-बड़े शहरों, कस्बों आदि को अपने रंग में रंग लिया। जगह-जगह प्रदर्शन और रैलियाँ हुईं।

सरकार अपनी जिद पर अड़ी रही कि बिल ड्राफ्टिंग कमेटी का मुखिया सरकार द्वारा नियुक्त व्यक्ति ही होगा न कि सिविल सोसायटी का कोई सदस्य।

इस दौरान अन्ना के साथ भूख हड़ताल पर बैठे कुछ लोगों की हालत बिगड़ी और उन्हें अस्पताल में भर्ती कराया गया।

अब यह आंदोलन आम लोगों को ही नहीं, बल्कि विभिन्न क्षेत्रों के प्रभावशाली लोगों को भी स्वयं से जोड़ चुका था। भारतीय सिने जगत और भारतीय रंगमंच से जुड़े तमाम प्रतिष्ठित व्यक्ति जैसे अनुपम खेर, टॉम ऑल्टर, प्रीतिश नंदी आदि भी जंतर-मंतर पहुँच गये। लोगों ने सोशल नेटवर्किंग साइट्स से अपना समर्थन जताया।

मशहूर पेंटर स्वर्गीय मकबूल फिदा हुसैन ने इस आंदोलन के समर्थन में एक कार्टून बनाया और इसे एक और क्रांति बताकर इससे जुड़े युवा समर्थन को भी सराहा।

इस क्रांति की सुगबुगाहट विदेशों में भी देखने को मिली। कैम्ब्रिज यूनिवर्सिटी में पढ़ रहे भारतीय विद्यार्थियों ने भी इसका समर्थन किया।

कार्पोरेट जगत की भी बहुत सी हस्तियाँ जैसे पुंज लॉयड के अतुल पुंज, बजाज ऑटो के राहुल बजाज, बायोकॉन की किरण मजूमदार शॉ, कोटक महिन्द्रा के उदय कोटक, टाटा स्टील के बी. मुथुरमन, मारुति के आर. सी भार्गव, गोदरेज के आदि गोदरेज ने इस आंदोलन को सराहा।

दबाव में आकर आखिर सरकार ने समझौता किया कि पैनल का एक राजनैतिक चैयरमैन होगा और को-चैयरमैन गैर राजनैतिक कार्यकर्ता होगा। और कहा गया कि चैयरमैन प्रणब मुखर्जी और को-चेयरमैन शांति भूषण होंगे।

9 अप्रैल 2011 को सरकार ने हजारे की मांगों को स्वीकार करते हुए आधिकारिय प्रपत्र जारी किया कि लोकपाल का ड्राफ्ट बनाया जायेगा और आने वाले मानसून सत्र में इसे लोकसभा में पेश किया जाएगा।

यह एक शुरुआती जीत थी। आंदोलन के नेतृत्वकर्ता और उनके सहयोगी जानते थे कि आने वाली राह बहुत उलझी और कांटो भरी है। उनकी यह सोच पूर्णतया उचित थी।

16 अप्रैल को लोकपाल बिल की रूपरेखा तैयार करने हेतु पहली मीटिंग हुई। सरकार लोकपाल बिल पैनल की सभी मीटिंगों की ऑडियो रिकॉर्डिंग करने तथा अंतिम प्रारूप तैयार करने से पूर्व जनता की राय लेने के लिए सहमत हो गयी। हजारे की मांग थी कि समस्त कार्यवाही का सीधा टेलीविजन प्रसारण हो, जिससे लोगों को पता चले के मतभेद कहाँ है, परन्तु सरकार ने इस पर असहमति प्रकट कर दी।

हजारे ने अपनी इस लड़ाई को 'द्वितीय स्वतंत्रता संग्राम' की उपमा दी। साथ ही उन्होंने घोषणा कर दी कि 15 अगस्त 2011 तक एक सशक्त जन लोकपाल बिल पारित नहीं हुआ तो वे अपना भ्रष्टाचार विरोधी अभियान और तेज कर देंगे और 16 अगस्त से पुनः अनशन पर बैठेंगे।

जल्द ही सरकार और सिविल सोसायटी के मतभेद सामने आने लगे। बहुत से ऐसे बिन्दु थे जिन पर आपसी सहमति नहीं बन पा रही थी।

प्रारूप तैयार करने वाली दस सदस्यीय संयुक्त समिति के चेयरमैन प्रणब मुखर्जी बने और सरकार की ओर से शामिल अन्य लोगों मे पी. चिदंबरम, एम. वीरप्पा मोइली, कपिल सिब्बल तथा सलमान खुर्शीद थे।

समिति के चैयरमैन शांति भूषण बने और सिविल सोसायटी के अन्य शामिल सदस्य थे अन्ना हजारे, संतोष हेगड़े, प्रशांत भूषण तथा अरविंद केजरीवाल।

15 जून को हुई मीटिंग में बहुत से मुद्दों पर दोनों पक्षों में कोई सहमति नहीं बनी। दोनों पक्षों ने अपने-अपने विचार यूनियन कैबिनेट के समक्ष रखे। टीम अन्ना का कहना था कि सरकार लोकपाल बिल को जन्म लेने से पूर्व ही समाप्त कर देना चाहती है। सिविल सोसायटी के सदस्यों ने सुझाव दिया कि विभागीय जाँचों तथा सीबीआई जाँचों के साथ लोकपाल को जाँच करने का अधिकार होना चाहिए। सरकार ने इस सुझाव को मानने से इंकार कर दिया।

16 जून तक स्थिति यह हो गई कि सरकारी प्रतिनिधियों ने कह दिया कि यदि बिल पर कोई सहमति नहीं बनती है तो कैबिनेट के

समक्ष दो प्रारूप रखे जाएंगे, एक सरकार द्वारा बनाया हुआ और एक सिविल सोसायटी द्वारा बनाया हुआ।

अन्ना का कहना था कि संयुक्त ड्राफ्ट में उनके द्वारा दिए 71 सुझावों में से मात्र 15 ही शामिल किए गये। हजारे ने घोषणा कर दी यदि सरकार द्वारा बनाया ड्राफ्ट पारित किया गया तो वे 16 अगस्त 2011 से अनशन आरंभ कर देंगे।

20 जून और 21 जून को समिति की मीटिंग पुनः हुई, परन्तु यह मीटिंग भी पूरी तरह असफल रही। सरकार ने प्रधानमंत्री, न्यायपालिका तथा सांसदों के चरित्र को बिल के दायरे से बाहर कर दिया।

अन्ना ने वक्तव्य दिया कि एक मजबूत लोकपाल बिल लाने का सरकार का कोई इरादा नहीं है, ये लोगों को गुमराह कर रही है।

अन्ना के इस आंदोलन से खीझ चुके कांग्रेसी नेताओं ने उनके बारे में मनगढ़ंत वक्तव्य देने शुरू कर दिए। कांग्रेस प्रवक्ता मनीष तिवारी ने अन्ना को गले तक भ्रष्टाचार में डूबा बताया।

15 अगस्त 2011 को अन्ना ने प्रेस कांफ्रेंस में अनशन पर जाने की घोषणा की, साथ ही सशक्त लोकपाल बिल के लिए दबाव बनाने हेतु लोगों से गिरफ्तारी देने की अपील की।

16 अगस्त को जे.पी.पार्क में अनशन शुरू करने से पूर्व ही अन्ना को दिल्ली पुलिस ने उनके आवास पर ही रोक दिया। अरविंद केजरीवाल, किरन बेदी, मनीष सिसोदिया समेत 1200 से भी ज्यादा समर्थकों को पुलिस ने हिरासत में ले लिया।

अन्ना को सात दिन की न्यायिक हिरासत पर तिहाड़ जेल भेज दिया गया क्योंकि उन्होंने जमानत पर रिहा होने हेतु व्यक्तिगत बांड पर हस्ताक्षर करने से इंकार कर दिया।

अन्ना के कुछ सहयोगियों को शाम तक रिहा कर दिया गया।

सरकार ने रात में अन्ना को रिहा करना चाहा किन्तु अन्ना ने तिहाड़ से बाहर आने से इंकार कर दिया। उन्होंने बाहर आने के लिए जे पी पार्क में प्रदर्शन करने के बिना शर्त अनुमति पर सरकारी सहमति की शर्त रखी।

अन्ना हजारे की गिरफ्तारी के विरोध में पूरे देश में जगह-जगह रेलियाँ हुईं।

अंततः 17 अगस्त को भी अन्ना ने जेल से बाहर आने से इंकार कर दिया।

अन्ना के समर्थन में खड़े पूरे देश को देखकर कांग्रेस बौखला गई, उन्हें इन सबके पीछे विदेशी हाथ नजर आने लगा और वे सरकार से जाँच कराने की मांग करने लगे। उन्हें इन सबके पीछे अमरीकी हाथ नजर आ रहा था।

शायद कांग्रेसी भूल चुके थे कि किसी भी देश में क्रांति कभी किसी बाहरी शक्ति के कारण कभी नहीं हुई। इतिहास गवाह है कि किसी भी देश में क्रांति की मशाल उसके अपने लोगों के कारण ही प्रज्ज्वलित हुई।

18 अगस्त को अन्ना को दिल्ली पुलिस ने रामलीला मैदान में पंद्रह दिन के अनशन की अनुमति दे दी। अरविंद केजरीवाल, जो अन्ना के प्रमुख सिपाहियों में से थे, वो भी दो दिन जेल में बिताकर बाहर आ गये। उन्होंने इस पूरे घटनाक्रम को भ्रष्टाचार से लड़ाई की दिशा में एक शुरुआत बताया। उन्होंने स्पष्ट कर दिया कि रामलीला मैदान पर अनशन की पूरी तैयारी के बाद अन्ना भी जेल से बाहर आ जायेंगे।

19 अगस्त 2011 को तीन दिन जेल में बिताने के बाद अन्ना बाहर आ गये। वहाँ से वो सीधे राजघाट और फिर इंडिया गेट गये, जहाँ उन्होंने महात्मा गांधी और शहीद सैनिकों को श्रद्धांजलि अर्पित की। तत्पश्चात वो रामलीला मैदान पहुँचे। अन्ना ने घोषणा की कि वे स्थल तब तक नहीं छोड़ेंगे जब तक जन लोकपाल बिल पारित नहीं हो जाता।

21 अगस्त तक रामलीला मैदान में एक लाख से भी ज्यादा लोगों का जमावड़ा हो चुका था। मुम्बई में भी इस अभियान की गर्माहट देखने को मिली। लगभग 50 हजार लोगों ने आंदोलन के समर्थन में बांद्रा रेलवे स्टेशन से जुहू तक शांतिपूर्ण ढंग से मार्च किया।

ऐसा शांतिपूर्ण आंदोलन केवल महात्मा गांधी की ही जन्मभूमि में हो सकता है। कौन कहता है हम गांधी को भूल गये हैं, गांधी भारत के हर आम जनमानस में आज भी जीवित हैं।

प्रधानमंत्री ने अन्ना हजारे से अनशन तोड़ने की अपील की। उन्होंने अन्ना को पत्र लिख कर बताया कि वो लोकसभा स्पीकर मीरा कुमार से पूछेंगे कि क्या अन्ना का जन लोकपाल बिल स्टैंडिंग कमेटी को भेजा जा सकता है।

25 अगस्त 2011 को प्रधानमंत्री मनमोहन सिंह ने एक नया प्रस्ताव रखा कि सरकार संसद में लोकपाल बिल के सभी संस्करणों पर चर्चा करने को तैयार है। अन्ना ने प्रधानमंत्री से संसद में चर्चा पर सहमति जताते हुए अपनी तीन मांगें रखीं सिटीजन चार्टर, सभी राज्यों में लोकपाल शक्तियों के साथ लोकायुक्त तथा नीचे से लेकर ऊपर तक पूर्ण अफसरशाही का समावेश।

वित्त मंत्री प्रणब मुखर्जी ने लोकपाल पर संसद में चर्चा की पहल की और अन्ना से अनशन समाप्त करने की अपील की। संसद में चर्चा के दौरान भारतीय जनता पार्टी की सांसद सुषमा स्वराज ने अन्ना की तीनों मांगों के प्रति अपनी पार्टी का समर्थन व्यक्त किया।

सरकार ने संसद में लोकपाल बिल पर वॉयस वोट पर सहमति जताई। दोनों सदनों ने जन लोकपाल बिल पर अन्ना द्वारा रखी गई तीनो शर्तों पर सहमति जताते हुए प्रस्ताव पारित किया।

28 अगस्त को अन्ना ने सबका धन्यवाद करते हुए कहा, "अभी हमने आधा ही रास्ता तय किया है और तत्पश्चात अनशन समाप्त कर दिया।"

इस पूरे घटनाक्रम के बाद संसदीय स्थायी समिति ने भ्रष्टाचार उन्मूलन हेतु जो उपाय प्रस्तावित किए, उनसे अन्ना बिलकुल भी सहमत नहीं थे। अत: 11 दिसंबर 2011 को विरोध जताते हुए अन्ना एक बार पुन: एक दिन के लिए जंतर-मंतर पर अनशन पर बैठे। यह पहली बार था जब अन्ना के साथ मंच पर अनेक राजनैतिक दलों के नेता भी शामिल थे। इनमें भाजपा, सी.पी आई (एम), अकाली दल तेलुगू देशम, बी.जे.डी, जे.डी. (यू.) तथा सी.पी.आई. शामिल थे। इन सभी ने लोकपाल पर सार्वजनिक चर्चा में भाग लिया।

लोकसभा के शीतकालीन सत्र में 27 दिसंबर 2011 को विवादित लोकपाल बिल लोकपाल एवं लोकायुक्त बिल, 2011 के नाम से पास हो पाया परंतु वैधानिक स्वरूप के बिना। इस बिल को विपक्षी दलों ने कमजोर बताया। इस बिल में जो संशोधन शामिल किए गये, उनमें कुछ पर सहमति बनी, कुछ पर नहीं।

टीम अन्ना तो इसे पहले ही अस्वीकार कर चुकी थी। उसके अनुसार यह बिल जनविरोधी था। टीम अन्ना ने जिन बिन्दुओं पर इसे अस्वीकार किया था, वे इस प्रकार थे-

- लोकपाल पर सरकार का पूरा नियंत्रण होगा। सरकार अपनी इच्छा से इसके सदस्यों की नियुक्ति या बरखास्तगी कर सकेगी।
- इसके दायरे में मात्र 10% राजनैतिक नेता आ रहे थे।
- बिल के दायरे में मंदिर, मस्जिद और चर्च शामिल थे।
- सरकार भ्रष्टाचार में लिप्त आरोपी को नि:शुल्क वकील सेवा प्रदान कर रही थी।
- लोकपाल कार्यालय में होने वाले भ्रष्टाचार से निपटने के विषय में स्पष्ट कुछ नहीं कहा गया था।
- इसके दायरे में क्लास सी तथा डी के अधिकारी शामिल नहीं थे। अत: केवल पाँच प्रतिशत अधिकारी इसमें शामिल थे।

टीम अन्ना सी.बी.आई. को लोकपाल से तथा राज्य सरकारों के एण्टी करप्शन ब्यूरो और विजिलेंस डिपार्टमेंट को लोकायुक्त से जोड़ना चाहती थी तथा क्लास सी तथा डी के अधिकारियों को लोकपाल के न्यायाधिकार में लाना चाहती थी, ऐसे कई बिन्दुओं को पेश किए गये बिल में शामिल नहीं किया गया था।

इस बिल को राज्यसभा में प्रस्तुत किया गया, जहाँ यह पुन: बाधित हो गया।

उधर अन्ना हजारे ने जन लोकपाल बिल के एक मजबूत संस्करण की मांग करते हुए एम.एम.आर.डी.ए.ग्राउंड, बांद्रा कुर्ला कॉम्पलेक्स मुम्बई में अपना अनशन आरंभ कर दिया। इस रैली में अरविंद

केजरीवाल और किरन बेदी भी पहुँचे। हजारों की संख्या में लोगों की भीड़ ग्राउन्ड की ओर चल पड़ी।

अनशन के दूसरे दिन अन्ना ने पुनः चेतावनी दी कि यदि मजबूत लोकपाल बिल नहीं लाया गया तो वे उन पाँच राज्यों में, जहाँ चुनाव होने थे, कांग्रेस के विरोध में प्रचार करेंगे। परन्तु अचानक अन्ना का स्वास्थ्य बिगड़ गया और उन्हें अपना अनशन समाप्त करना पड़ा। स्वास्थ्य में गिरावट आने के कारण अन्ना ने लोगों से भी 'जेल भरो' आंदोलन रद्द करने की घोषणा कर दी। लेकिन अन्ना की चलाई मुहिम रुकी नहीं थी।

25 मार्च 2012 में किरन बेदी ने आरोप लगाये कि कांग्रेस पार्टी ने एक बहुत ही कमजोर बिल लाकर टीम अन्ना के साथ बेईमानी की है। हजारे एक बार फिर मैदान में उतरे और घोषणा कर दी कि भ्रष्टाचार विरोधी आंदोलन पुनः आरम्भ होगा, साथ ही वो एक दिन के सांकेतिक अनशन पर भी बैठे।

25 जुलाई को जंतर-मंतर पर एक बार पुनः अनशन की शुरुआत हुई, हालांकि इस बार अन्ना शुरुआत से शामिल नहीं थे, परंतु उनकी टीम के अन्य सदस्य इसमें सम्मिलित थे। चार दिन बाद अन्ना इसमें शामिल हुए। इस बार इनका विरोध प्रधान मंत्री और उनके चौदह मंत्रियों के खिलाफ, जाँच कराने की मांग न मानने को लेकर था। टीम अन्ना ने इन पर भ्रष्टाचार के आरोप लगाये थे। अनशन 3 अगस्त 2012 को समाप्त हो गया। अन्ना ने घोषणा की कि लगता है सरकार जन लोक पाल बिल लागू करने को तैयार ही नहीं है, इसलिए उन्होंने और उनके सहयोगियों ने अनशन तोड़ने, सरकार के साथ बातचीत रोकने और टीम अन्ना के अंतर्गत कोई भी विरोध प्रदर्शन न करने का फैसला किया।

सन् 2012 के उत्तरार्द्ध में टीम अन्ना के प्रथम पंक्ति के सदस्यों में विचारधाराओं में मतभेद आ गये। अन्ना का मत था "इतना संघर्ष करने के बाद भी यदि सरकार के कान में जूँ तक नहीं रेंग रही तो इस मुद्दे को यही खत्म करना चाहिए, समाज में अनेक समस्याएँ हैं, हम उन पर काम करते हैं।"

वहीं दूसरी ओर केजरीवाल और कुछ अन्य सदस्यों का मानना था कि यदि व्यवस्था में व्याप्त भ्रष्टाचार को मिटाना है, तो व्यवस्था में घुसना होगा।

जहाँ अन्ना और उनके पक्षधरों का गैर-राजनैतिक लड़ाई में विश्वास था वहीं केजरीवाल और उनके समर्थक राजनैतिक लड़ाई के जरिए लक्ष्य प्राप्त करना चाहते थे।

केजरीवाल को भ्रष्टाचार विरोधी आंदोलन में शामिल कुछ जाने माने लोग जैसे प्रशांत भूषण, शांति भूषण तथा मनीष सिसोदिया का समर्थन मिला तो वहीं अन्ना समेत किरन बेदी तथा संतोष हेगड़े ने केजरीवाल का कड़ा विरोध किया।

केजरीवाल तथा हजारे दोनों ने ही उनके बीच के मतभेदों की बात स्वीकार की व इनके विरोधियों को एक अच्छा अवसर मिल गया, इस अभियान से जुड़े लोगों के विषय में मनगढ़ंत बातें फैलाने का। कांग्रेस नेता जगदम्बिका पाल ने वक्तव्य दिया कि अन्ना ने तो आंदोलन चलाया था भ्रष्टाचार से लड़ने के लिए, परंतु केजरीवाल ने इसका इस्तेमाल किया राजनैतिक लाभ के लिए।

विरोधियों द्वारा की जा रही मनगढ़ंत बातों से विचलित हुए बिना केजरीवाल ने राजनैतिक ढंग से अपनी लड़ाई शुरू कर दी और कुछ समय बाद आम आदमी पार्टी का गठन किया। अन्ना भी अपने तरीके से समाज की बुराइयों से लड़ने में व्यस्त हो गये। भले ही दोनों की विचार धाराएं अलग रही हों, किन्तु दोनों का लक्ष्य एक ही रहा-देश सेवा। अरविंद केजरीवाल ने अन्ना को सदैव अपना गुरू माना। जब भी किसी पत्रकार ने उनसे अन्ना के बारे में उनके विचार जानने चाहे, अरविंद का वक्तव्य यही रहा, "अन्ना जी मेरे गुरू हैं और वो मेरे हृदय में रहते हैं।"

ऐसा पहली बार नहीं हुआ है कि एक ही लक्ष्य के लिए, एक संगठन में रहकर लड़ रहे लोगों में आपसी मतभेद हुए हैं।

स्वंतत्रता प्राप्ति से पूर्व सन् 1907 में विचारधाराओं में अंतर होने के कारण ही भारतीय राष्ट्रीय कांग्रेस दो गुटों में बँट गयी थी- गरम दल

और नरम दल। गरम दल के नेता बाल गंगाधर तिलक थे और नरम दल के नेता थे गोपाल कृष्ण गोखले। अंग्रेज उपनिवेशियों के प्रति दोनों के रवैयों में अंतर था। परंतु दोनों का लक्ष्य एक ही था भारत को अंग्रेजों से मुक्ति दिलाना। इतिहास में दोनों ही दलों का योगदान स्वर्णाक्षरों में अंकित है।

वर्तमान परिस्थितियों में भी देखा जाए तो अन्ना हजारे और अरविंद केजरीवाल दोनों का लक्ष्य एक ही है। भारत को भ्रष्टाचार से मुक्ति दिलाना। एक ने गैर-राजनैतिक मार्ग अपनाया तो एक ने राजनैतिक।

दो वर्षों से भी अधिक समय से चली आ रही लड़ाई के बाद लोकपाल बिल 2013, लोकपाल तथा लोकायुक्त बिल 2013 के नाम से पारित हो गया। हालांकि इसमें कुछ सुधार शामिल किए गये, किंतु केजरीवाल इस बिल से संतुष्ट नहीं हुए।

9 अरविंद केजरीवाल की अंतर्वेदना

केजरीवाल आरंभ से ही व्यवस्था के प्रति क्षुब्ध रहे। आयकर विभाग ने आज से लगभग 20 वर्ष पहले जब कई बहुराष्ट्रीय कंपनियों का सर्वे किया। सर्वे में कई कंपनियां रंगे हाथों टैक्स की चोरी करती पकड़ी गयीं। लेकिन इससे उन्हें कोई फर्क नहीं पड़ा। उन्होंने सीधे अपना जुर्म कबूल कर लिया और बिना कोई अपील किये सारा टैक्स जमा करा दिया। यदि ये लोग किसी और देश में होते तो अभी तक उनके वरिष्ठ अधिकारियों को सजा हो गई होती। ऐसी ही एक कंपनी पर सर्वे के दौरान उस कंपनी के विदेशी सर्वेसर्वा ने आयकर टीम को धमकी दी–"भारत एक बहुत गरीब देश है। हम आपके देश में आपकी मदद करने आए हैं। यदि आप लोग हमें इस तरह तंग करोगे तो हम आपका देश छोड़कर चले जाएंगे। आपको पता नहीं हम कितने ताकतवर हैं। हम चाहें तो आपकी संसद से कोई भी कानून पारित करा सकते हैं। हम आप लोगों का तबादला भी करा सकते हैं।" और हुआ भी यही, इसके कुछ दिन बाद ही हमारी टीम के एक वरिष्ठ अधिकारी का स्थानांतरण हो गया।

एक और घटना देखिए। जुलाई 2008 में यू.पी.ए सरकार को संसद में अपना बहुमत साबित करना था। खुलेआम सांसदों की खरीद-फरोख्त चल रही थी। कुछ टी.वी. चैनलों ने सांसदों को पैसे लेकर खुलेआम बिकते हुए दिखाया। इन तस्वीरों ने इस देश की आत्मा को हिला दिया। "क्या हम एक देश के नागरिक हैं, क्या हमारे देश की संसद सभी कानून इस देश के लोगों के हित के लिए ही बनाती है?"

अभी कुछ दिन पहले अखबारों में संसद में हाल ही में प्रस्तुत न्यूक्लियर सिविल लायबिलिटी विधेयक आया। पढ़कर तो सभी डर सच साबित होते नज़र आने लगे। इस में प्रावधान है कि कोई विदेशी कंपनी भारत में अगर परमाणु संयंत्र लगाती है और यदि उस संयंत्र में कोई दुर्घटना हो जाती है तो उस कंपनी की आर्थिक जिम्मेदारी केवल 1500 करोड़ रुपये तक की होगी। उल्लेखनीय है कि दुनियाभर में जब भी कभी परमाणु हादसा हुआ तो हजारों लोगों की जान गयी और हजारों करोड़ का नुकसान हुआ। भोपाल गैस त्रासदी में ही पीड़ित लोगों को 2200 करोड़ रुपया मिला है जो कि काफी कम माना जा रहा है। ऐसे में 1500 करोड़ तो कुछ भी नहीं होता। एक परमाणु हादसा न जाने कितने भोपाल के बराबर होगा? इसी विधेयक में आगे लिखा है कि उस कंपनी के खिलाफ न तो कोई आपराधिक मामला दर्ज किया जाएगा और न ही मुकदमा चलाया जाएगा। बस 1500 करोड़ रुपये लेकर उस कंपनी को छोड़ दिया जाएगा। कोई पुलिस केस भी नहीं होगा।

ऐसा कानून पढ़कर महसूस होता है कि इस देश के लोगों की जिंदगियों को कौड़ियों के भाव बेचा जा रहा है। इस प्रकार स्पष्ट है कि यह कानून इस देश के लोगों की जिंदगियों को दांव पर लगाकर विदेशी कंपनियों को लाभ पहुंचाने के लिए लाया जा रहा है। हमारी संसद की कुछ मजबूरी है क्या? यकीनन या तो हमारे सांसदों पर किसी तरह का दबाव है या कुछ सांसद या पार्टियां विदेशी कंपनियों के हाथों बिक गयीं हैं।

उक्त गैस त्रासदी के हाल ही के निर्णय के बाद समाचार पत्रों में ढेरों ख़बरें छप रहीं हैं कि किस प्रकार भोपाल के लोगों के हत्यारे को हमारे देश के उच्च नेताओं ने भोपाल त्रासदी के कुछ दिनों के बाद ही राज्य में अतिथि जैसा सम्मान दिया और उसे भारत से भागने में मदद भी की।

अब सहज ही मन में प्रश्न खड़े होते हैं– "क्या भारत सुरक्षित हाथों में है? क्या हम अपना जीवन और अपना भविष्य इन कुछ नेताओं और अधिकारियों के हाथों में सुरक्षित देखते हैं?"

इसे भी पूरी तरह नहीं स्वीकारा जा सकता कि हमारी सरकारों पर केवल विदेशी कंपनियों या विदेशी सरकारों का ही दबाव है। पैसे के लिए हमारे नुमाइंदे और अफसर कुछ भी कर सकते हैं। न जाने कितने मंत्री और अधिकारी औद्योगिक घरानों के हाथों की कठपुतली बन गए हैं। कुछ औद्योगिक घरानों का वर्चस्व बहुत ज्यादा बढ़ गया है। अभी हाल ही में एक फोन टैपिंग मामले में खुलासा हुआ था कि वर्तमान सरकार के कुछ मंत्रालयों में कौन मंत्री बनेंगे- इसका निर्णय हमारे प्रधानमंत्री ने नहीं बल्कि कुछ औद्योगिक घरानों ने किया था। अब तो ये खुली बात हो गई है कि कौन-सा नेता या अफसर किस घराने के साथ है क्योंकि खुलकर ये लोग साथ घूमते हैं। यह कहना अतिशयोक्ति नहीं होगा कि कुछ प्रांतीय सरकारें और केंद्र सरकार के कुछ मंत्रालय ये औद्योगिक घराने ही चला रहे हैं। एक उदाहरण देखिए-

अभी कुछ दिन पहले समाचार था कि रिलायंस के मुकेश अंबानी महाराष्ट्र में कोई निजी विश्वविद्यालय शुरू करना चाहते हैं। वो महाराष्ट्र के शिक्षा मंत्री से मिले और उनकी ये इच्छा पूरी करने के लिए मंत्री जी ने विधान सभा में प्राइवेट यूनिवर्सिटी बिल लाना मंज़ूर कर दिया। औद्योगिक घरानों की इच्छा पूरी करने के लिए हमारी विधान सभाएं तुरंत कानून पारित करने लग जाती हैं।

देश की खनिज संपदा को कौड़ियों के भाव इन औद्योगिक घरानों को बेचा जा रहा है। जैसे लौह अयस्क (आयरन ओर) की खदानें लेने वाली कंपनियां सरकार को मात्र 27 रुपये प्रति टन रॉयल्टी देती हैं। उसी आयरन को ये कंपनियां बाज़ार में 6000 रुपये प्रति टन के हिसाब से बेचती हैं। (खदान से लोहा निकाल कर उसकी सफाई इत्यादि करने में लगभग 300 रुपये प्रति टन का खर्च आता है।) 5700/- के लिए 27/- मिलते हैं। क्या यह सीधे देश की संपत्ति की लूट नहीं है?

वनों की स्थिति तो और भी खराब है। इन्हें औने पौने दामों में वनों को बेचा जा रहा है। नदियों को बेचा जा रहा है, लोगों की ज़मीनें छीन कर कंपनियों को आधे दामों में बेची जा रही हैं। इन पार्टियों, नेताओं और अफसरों के हाथ में हमारे देश के प्राकृतिक संसाधन और हमारे

देश की संपदा खतरे में है। वह दिन दूर नहीं जब ये लोग मिलकर सब कुछ बेच डालेंगे।

यह सब देखकर भारतीय राजनीति और भारतीय जनतंत्र पर एक बहुत बड़ा सवालिया निशान लगता है। सभी पार्टियाँ एक जैसी हैं। हम किसी भी नेता या किसी भी पार्टी को वोट दें, उससे कोई फर्क नहीं पड़ता। सबके सब एक जैसे हैं।

पिछले छः दशकों में हम हर पार्टी, हर नेता को आज़मा कर देख चुके हैं। लेकिन कोई सुधार नहीं हुआ। इससे एक बात तो साफ है- केवल पार्टियां और नेता बदल देने से बात नहीं बनने वाली। हमें कुछ और करना पड़ेगा; आगे आना होगा।

अपने संगठन "परिवर्तन" के जरिये अरविंद केजरीवाल पिछले दस सालों में विभिन्न मुद्‌दों पर काम करते रहे। कभी राशन व्यवस्था पर, कभी पानी के निजीकरण पर, कभी विकास कार्यों में भ्रष्टाचार को लेकर। आंशिक सफलता भी मिली।

चार डग हमने भरे तो क्या किया।
है पड़ा मैदान कोसों का अभी।।

लेकिन जल्द ही यह आभास होने लगा कि यह सफलता क्षणिक और भ्रामक है। जब तक हम उस क्षेत्र में उस मुद्‌दे पर काम कर रहे होते हैं, ऐसा लगता कि कुछ सुधार हुआ है। जैसे ही हम किसी दूसरे मुद्‌दे पर काम कर रहे होते हैं, ऐसा लगता कि कुछ सुधार हुआ है। जैसे ही हम किसी दूसरे मुद्‌दे को पकड़ते, पिछला मुद्‌दा पहले से भी बुरी हालत में हो जाता। धीरे धीरे यह भी समझ में आने लगा कि इन सभी समस्याओं के पीछे राजनीति है। क्योंकि इन सब मुद्‌दों पर पार्टियां और नेता भ्रष्ट और आपराधिक तत्वों के साथ हैं और जनता का किसी प्रकार का कोई नियंत्रण नहीं है। उदाहरणार्थ राशन की व्यवस्था को ही लीजिए। राशन चोरी करने वालों को नेताओं का पूरा-पूरा संरक्षण है। यदि कोई राशन वाला चोरी करता है तो हम खाद्य कर्मचारी या फूड कमिश्नर या खाद्य मंत्री से शिकायत करते हैं। पर ये सब भी तो उस चोरी में सीधे रूप से शामिल हैं। उस चोरी का एक बड़ा हिस्सा इन सब तक पहुंचता

है। तो उन्हीं को शिकायत करके क्या हम न्याय की आशा कर सकते हैं? यदि किसी जगह मीडिया का या जनता का बहुत दबाव बनता है तो दिखावा मात्र के लिए कुछ राशन वालों के लाइसेंस निरस्त कर दिए जाते हैं। जब जनता का दबाव कम हो जाता है तो रिश्वत खाकर फिर से वे दुकानें बहाल कर दी जाती हैं। अर्थात रिश्वत लेते जो पकड़ा जाता है, रिश्वत देकर वह छूट भी जाता है।

शिकायत करें तो कहाँ करें। पंक्ति याद आती हैं-

औरहु ईमान सिखावहु जाय के।
कूपहिं में यहाँ भाँग परी है॥

(प्रसंग वश जोग शब्द के स्थान पर हमने ईमान शब्द का प्रयोग किया है।)

अरविन्द केजरीवाल का यह मानना है कि सीधे जनता को विधिक रूप से यह ताकत देनी होगी कि सीधे-सीधे जनता व्यवस्था को नियंत्रित करे जनता ही निर्णय ले और नेता और अफसर उन निर्णयों का पालन करें। वैसे तो लोकतंत्र में जनता ही मालिक होती है। जनता ने ही संसद और सरकारों को निर्णय लेने का अधिकार दिया है। लेकिन ये निर्णय जनता के हित में होने चाहिए। संसद, विधान सभाओं और सरकारों ने इन अधिकारों का जमकर दुरुपयोग किया है। उन्होंने बेशर्मी से जनता को और जनहित को बेचने में कोई कसर नहीं छोड़ी है। क्या समय आ गया है कि जनता नेताओं, अफसरों और पार्टियों से अपने बारे में फैसले लेने के अधिकार वापस ले ले? क्या ऐसा हो सकता है? क्या इससे अव्यवस्था नहीं फैलेगी?

इन्हीं सब प्रश्नों के उत्तर की खोज में अरविंद केजरीवाल बहुत घूमे, बहुत लोगों से मिले और बहुत कुछ पढ़ा भी। उनकी वेदना यह है कि समय रहते सब कुछ ठीक करना होगा। इसके लिए आज सबको आगे आना होगा।

10 यह कैसा लोकतंत्र जहाँ जनता बेबस है

बेलगाम होते सरकारी कर्मचारी

आपके सरकारी अस्पताल में, मान लीजिए, डॉक्टर ठीक से इलाज नहीं करता, दवाईयाँ नहीं देता, समय पर नहीं आता या आता ही नहीं है। कुछ कर सकते हैं आप उसका? आप उसका कुछ नहीं कर सकते। आप शिकायत करेंगे तो शिकायत पर कोई कार्रवाई नहीं होगी।

राशन वाला खुलेआम राशन चोरी करता है। मगर आप उसका कुछ नहीं बिगाड़ सकते। आप शिकायत करते हैं और शिकायत पर कोई कार्रवाई नहीं की जाती।

मान लीजिए, आपके गांव के सरकारी स्कूल में अध्यापक ठीक से नहीं पढ़ाता, अध्यापक समय पर नहीं आता या आता ही नहीं है। तो क्या आप उसका कुछ बिगाड़ सकते हैं? नहीं, हम कुछ नहीं कर सकते। शिकायत करते हैं और शिकायत पर कोई कार्रवाई नहीं होती।

थाने में रिपोर्ट लिखवाने के लिए आप जाते हैं तो दारोगा द्वारा रिपोर्ट नहीं लिखी जाती। दारोगा आपके खि़लाफ झूठे मुकदमे दायर कर देता है और आप उसका कुछ नहीं बिगाड़ भी नहीं।

इन सब बातों से यह स्पष्ट हो जाता है कि इन सरकारी कर्मचारियों के ऊपर हमारा किसी किस्म का कोई नियंत्रण नहीं है।

हम टैक्स देते हैं, इस देश का गरीब से गरीब आदमी भी टैक्स देता है। यहां तक कि एक भिखारी भी टैक्स देता है। क्योंकि जब एक भिखारी बाजार से साबुन खरीदता है तो उसके ऊपर सेल्स टैक्स देता है,

एक्साइज़ ड्यूटी देता है और न जाने कितने तरह के टैक्स देता है। ये समस्या की जड़ यह है कि हम देश की राजनैतिक व्यवस्था के अंतर्गत पांच साल में एक बार वोट डालते हैं और फिर अगले पांच साल उन्हीं नेताओं के सामने गिड़गिड़ाते हैं जिन्हें हमने वोट डालकर चुना था। जनता का पूरी व्यवस्था पर किसी तरह का कोई नियंत्रण नहीं है।

कहा जा रहा है कि देश में 70 प्रतिशत आबादी 20 रुपया प्रति व्यक्ति प्रतिदिन से भी कम में गुज़ारा करती है। तो यदि एक परिवार में 5 लोग होते हैं तो इस परिवार का मासिक खर्च हुआ 3000 रुपया। यदि सभी किस्म के कर जोड़ लिये जायें तो बाजार से कुछ भी खरीदने पर औसतन 10 प्रतिशत कर तो लगता ही है। इस हिसाब से एक गरीब परिवार भी मासिक 300 रुपया और सालाना 3600 रुपया का कर देता है। यदि आपके गांव में 1000 परिवार हैं तो वे सभी मिलकर औसतन 36 लाख रुपये सालाना कर सरकार को देते हैं। तो पिछले दस वर्षों में आपके गांव ने लगभग साढ़े तीन करोड़ रुपये का कर सरकार को दिया।

ये जितना कर सरकार हमसे इकट्ठा करती है, हम इस पैसे के मालिक हैं। और जो ये सरकारी कर्मचारी हैं, सरकारी अधिकारी हैं, नेता हैं- ये सारे हमारे नौकर हैं। क्योंकि हमारे पैसे से इनको तनख्वाह मिलती है। हमारे पैसे से इनके बंगले चलते हैं। हमारे पैसे से इनके एअरकंडीशनर चलते हैं। इनकी लाल बत्ती की गाड़ियाँ, इनका पेट्रोल इनके नौकर चाकर, ये सारे हमारे पैसों से चलते हैं।

और ये सारे हमें आंखें दिखाते हैं। हमारे पैसे से तनख्वाह मिलने वाले लोगों पर हमारी चलती ही नहीं है। हमारे नौकर पर ही हमारी नहीं चलती। सरकारी डॉक्टर का कुछ नहीं कर सकते, अध्यापक का कुछ नहीं कर सकते, राशन वाले का कुछ नहीं कर सकते, थानेदार का कुछ नहीं कर सकते। कभी कलक्टर के दफ्तर में गये हैं आप? उससे मिलने की कोशिश की? वो मिलता ही नहीं है। हमारा नौकर है, लेकिन हमें आंखे दिखाता है। उसका चपरासी हमें आंखे दिखाता है। तो ये सारे सरकारी कर्मचारी जिनको हमारे टैक्स के पैसे से तनख्वाह मिलती है, उनके ऊपर हमारा कोई नियंत्रण नहीं है।

जनता के नियंत्रण से बाहर सरकारी निधियाँ

दिल्ली में कॉमनवैल्थ खेलों के नाम पर सरकार ने 70 हजार करोड़ रुपया फूंक दिया। अच्छी खासी सड़कें तोड़ कर दोबारा बनाई गई। अच्छे खासे फुटपाथ तोड़ तोड़ कर दोबारा बनाये गए। एक अखबार में ख़बर आयी थी कि सरकार 400 करोड़ रुपये के अच्छे खासे फुटपाथ तोड़ कर दोबारा बना रही है।

सरकारी फंड पर हमारा कोई नियंत्रण नहीं है। ये सारा का सारा सरकारी पैसा कैसे इस्तेमाल किया जाना चाहिए? कहां इस्तेमाल किया जाना चाहिए? हमारी क्या जरूरतें हैं? कोई हमसे पूछता ही नहीं है।

एक और बात कि दिल्ली नगर निगम में सफाई कर्मचारियों को तीन-तीन महीने से तनख्वाह नहीं मिली है। ठेकेदारों को पांच-पांच साल से भुगतान नहीं हुए हैं। लेकिन दिल्ली नगर निगम की छत के ऊपर हैलीपैड बनाया जा रहा है। ताकि नेताओं के हैलीकॉप्टर वहां उतर सकें।

जब हम उसी सरकार के पास अपनी कोई समस्या लेकर जाते हैं तो सरकार कहती है कि फंड नहीं है जैसे सुंदर नगरी का उदाहरण लें। सुंदर नगरी दिल्ली की एक झुग्गी बस्ती का इलाका है। वहां पर लोगों के पास पीने का पानी नहीं है। लोगों के पास सेकेंडरी स्कूल नहीं है। सीवर सिस्टम नहीं है। जब भी सरकार के पास जाते हैं सरकार कहती है पैसा नहीं है। लेकिन कुछ साल पहले सरकार ने उसी इलाके में 60 लाख रुपये के फव्वारे लगवाये। वहां के लोगों के पास पीने को पानी नहीं है। और सरकार ने फव्वारे लगवाये। इससे बड़ा मज़ाक हो सकता है कोई? बताइये? वो फव्वारे एक दिन भी नहीं चले क्योंकि वहां पर पानी ही नहीं है। जिस दिन उद्‌घाटन था उस दिन भी नहीं चले क्योंकि पानी ही नहीं है।

इससे ज़ाहिर है कि सरकार के पास पैसा तो है लेकिन वो पैसा गलत चीज़ों पर इस्तेमाल किया जा रहा है। ऐसी चीज़ों पर इस्तेमाल किया जा रहा है जिनकी हमें जरूरत ही नहीं है।

गांवों का उदाहरण लें। गांव के अंदर लोगों की समस्याएं कुछ और हैं लेकिन जितना पैसा वहां जाता है वह अजीबो-गरीब योजनाओं के

तहत जाता है। दिल्ली और राज्यों की राजधानियों में बैठ कर तय होता है कि इस देश की 120 करोड़ जनता की समस्याएं क्या हैं, हमारी क्या जरूरतें हैं और सरकारी पैसा हमारे इलाके में कहां और कैसे इस्तेमाल होना चाहिए? किस्म किस्म की योजनाएं बनती हैं, जैसे वृद्धावस्था पेंशन, विधवा पेंशन, नरेगा, राशन इत्यादि। और ये सारी योजनाएं दिल्ली में बैठे, लखनऊ में बैठै, भोपाल में बैठे, राजधानियों में बैठे अफसर और नेता बनाते हैं।

हम पश्चिमी बंगाल के खिजूरी गांव में गये। वहां के सरपंच ने हमें बताया कि उनके पास 6 करोड़ रुपये से वो लोग अपने गांव में 20 लाख रुपये खर्च करके स्कूल नहीं बनवा सकते क्योंकि वो सारा का सारा पैसा 'टाईड' फंड है। सारा का सारा पैसा किसी न किसी योजना से बंधा हुआ है। इतने पैसे की वृद्धावस्था पेंशन दी जायगी, इतने पैसे से इंदिरा आवास के मकान बनेंगे, इतने पैसे से विधवा पेंशन दी जायगी, इतने पैसे से ये होगा, इतने पैसे से वो होगा।

तो हमारी जरूरत कुछ और है। जैसे हो सकता है कि हम, हमारे गांव में, सिंचाई पर पैसा खर्च करना चाहते हैं। या हम कुछ डॉक्टर और लगाना चाहते हैं। लेकिन सारा का सारा पैसा दिल्ली में तय होकर आता है कि कितना पैसा किसके ऊपर खर्च किया जायेगा।

हम उड़ीसा के एक गांव में गये। उस गांव में हैजे से 63 परिवार पीड़ित थे। जो सबसे बगल का अस्पताल था वो वहां से करीब 15 किमी. दूर था और वहां तक पहुंचने का कोई साधन नहीं था। गांव की पंचायत के पास 6 लाख रुपये से भी ज़्यादा पैसा था। लेकिन सारा पैसा टाईड फंड था। किसी न किसी योजना में आया था। उस पैसे को इस्तेमाल करके वो एक वाहन किराये पर नहीं ले सकते थे। ताकि जो पीड़ित लोग हैं उनको अस्पताल पहुंचाया जाता। और नतीजा ये हुआ कि 7 लोगों की मौत हो गयी। तो वो पैसा किस काम आया? जिस पैसे से हम अपने लोगों की जान न बचा पायें, वो पैसा किस काम आया?

एक और उदाहरण लें। ऐसा लगता है कि एक बार दिल्ली के एक अफसर को एक सपना आया। उसने सपने में देखा कि अगर हमारे देश के हर गांव के लोग अपने अपने गांव का पानी संचित करना चालू कर

दें तो हमारे देश की पानी की समस्या दूर हो जायेगी। तो बस एक फरमान जारी हुआ। ऊपर से एक योजना बनी। योजना का नाम कुछ इसी तरह का था- 'हमारा गांव हमारा पानी', कि जो जो गांव अपने अपने यहां ऐसे सिविल ढांचे बनायेंगे कि अपने गांव के पानी को गांव में ही संचयन करेंगे तो उन गांवों को सरकार ऐसे ढांचे बनाने के लिए 60 हजार रुपये या एक लाख रुपये देगी। दिल्ली से योजना चली, एक राज्य की राजधानी में पहुंची। वहां से हर कलक्टर के पास गयी। एक जिले के जिला कलक्टर ने अपने जिले के सारे सरपंचों को बुलाया और उनको कहा कि ऐसे ऐसे योजना आयी है, आप लोग भी अपने-अपने गांव में ऐसा कीजिए। तो इस गांव का सरपंच अपने गांव में वापस आया और सारे गांव को उसने इकट्ठा किया और कहा भई ऐसी योजना आयी है और हमें ऐसी तैयारी करनी है कि हमारे गांव का पानी हमारे गांव में ही रह जाय। उसके लिए हमें एक लाख रुपया मिलेगा। लोगों ने जब ये बात सुनी तो सब लोग हंसने लगे। हंस इसलिए रहे थे, क्योंकि उस गांव में बाढ़ आती है। लोग पानी संचयन नहीं करना चाहते, लोग पानी बाहर भेजना चाहते हैं।

तो इतनी बेतुकी योजनाएं दिल्ली से बन कर आती हैं। सारे देश की सारी समस्याओं का समाधान योजनाओं से नहीं निकल सकता। अरविंद केजरीवाल का ये मानना है कि देश की किसी भी समस्या का समाधान दिल्ली में बनने वाली योजनाओं से नहीं हो सकता। दो अगल-बगल के गांवों की ही स्थिति इतनी भिन्न होती है, इतनी अलग होती है कि आप उनकी समस्याओं को दिल्ली में बैठे समझ ही नहीं सकते। उनके समाधान आप सोच ही नहीं सकते।

अद्भुत है यह देश जहाँ गरीबी सुविधा का साधन है

एक और बात। ये जितनी भी सरकारी योजनाएं बनती हैं, इन सारी सरकारी योजनाओं ने लोगों को भिखारी बना कर रख दिया है। इनमें से ढेरों योजनाएं गरीबी उन्मूलन के नाम पर, गरीबों के नाम पर बनती हैं।

बीपीएल के नाम पर बनती हैं। इस बीपीएल की राजनीति को हमें समझना पड़ेगा।

ये बीपीएल की योजनाएं दिल्ली में इसलिए बनाई जाती हैं ताकि सत्तारूढ़ पार्टी को वोट मिले। दिखावा किया जाता है। कहा जाता है कि हम गरीबों की सरकार हैं। गरीबों के लिए योजनाएं बना रहे हैं। गरीबी उन्मूलन चाहते हैं। गरीबों के लिए कहकर योजनाएं बनायी जाती हैं लेकिन जो लोग योजना बनाते हैं उनको पहले दिन से पता है कि ये पैसा गरीबों तक नहीं पहुंचने वाला और वो केवल दिखावा कर रहे हैं।

हम हमारे देश की एक राष्ट्रीय पार्टी के एक बड़े नेता से मिले। हमने उनको कहा कि "आप ये सारी योजनाएं दिल्ली में बनाना बंद कीजिए और सीधे सीधे पैसा गांव में भेज दीजिए। हर गांव में जनता खुद तय कर लेगी कि उनको क्या चाहिए"। तो उसने कहा कि "क्या आपको पता है कि एक-एक योजना के इर्द गिर्द कितने बड़े-बड़े मगरमच्छ बैठे हैं? अगर हमने योजनाएं बनानी बंद कर दीं तो हमारी पार्टी की सरकार गिर जाएगी। ये पार्टियां अपना समर्थन वापस ले लेंगी"। तो इसका मतलब इनको पता है कि ये पैसा गरीबों तक न ही पहुंच रहा है और न ही पहुंचेगा। फिर ये क्यों योजनाए बना रहे हैं? अरविंद केजरीवाल के अनुसार योजनाएं वो इसलिए बना रहे हैं क्योंकि इनको चोरी करनी है। ये जानबूझ कर एक तरफ तो योजनाएं बना कर दिखाते हैं कि ये गरीबों की सरकार है। और दूसरे इनको पता है कि ये पैसा तो उनकी अपनी जेब में ही आना है। तो ये योजनाएं इसलिए बनाई जाती हैं ताकि एक तरफ तो वोट मिले और दूसरी तरफ चोरी करने के लिए मौका मिले।

उधर इन योजनाओं का गांव की जनता के ऊपर बहुत बुरा असर पड़ा है। आप किसी गांव में घुस जाइये। वहां पर लोग आपको घेर लेंगे और सबसे पहली मांग उनकी ये होगी कि साहब मेरा बीपीएल की सूची में नाम नहीं आया। मेरा नाम बीपीएल में डलवा दीजिए। बीपीएल का मतलब क्या होता है? बीपीएल का मतलब 'भिखारी'। एक ऐसा व्यक्ति जो ये कहता है कि मैं सक्षम नहीं हूँ, मेरे पास पैसा नहीं है, मैं एक बहुत ही दीन हीन व्यक्ति हूं और समाज से चाहता हूं कि समाज

मेरी मदद करे। और इस देश की विसंगति देखिये कि हर आदमी ये कह रहा है कि "मेरे को भिखारी बना दो, मेरे को भिखारी बना दो, मेरे को भिखारियों की लिस्ट में डाल दो"। होड़ लगी हुई है लोगों के अंदर कि हम सारे भिखारी बनना चाहते हैं। ऐसा देश जिसका हर आदमी भिखारी बनना चाहता हो, ऐसा देश कैसे प्रगति कर सकता है, कभी प्रगति नहीं कर सकता।

मैं देश में इतना घूमा लेकिन मुझे एक आदमी ऐसा नहीं मिला जो ये कहे कि मैं अभी तक बीपीएल की लिस्ट में था, मैं भिखारियों की लिस्ट में था, लेकिन अब मैं अपने पैरों पर खड़ा हो गया हूं, मुझे बीपीएल की लिस्ट से निकाल दो। कोई अपने पैरों पर खड़ा नहीं होना चाहता है। सब कहते हैं कि मुझे भिखारियों की लिस्ट में डाल दो। तो ये सारी की सारी योजनाएं लोगों की मानसिकता को बर्बाद कर रही हैं।

तो पहली बात तो हमें ये समझ में आई कि हमारा सरकारी कर्मचारियों पर कोई नियंत्रण नहीं है। दूसरी बात ये समझ में आई कि हमारा सरकारी फंड के इस्तेमाल पर भी कोई नियंत्रण नहीं है।

नीति निर्माण और विधि नियंत्रण पर जनता बे बस

हमारी सरकारें इतने कानून बनाती हैं, इतनी नीतियां बनाती हैं। इन सारे कानूनों के बनने पर, इन सारी नीतियों के बनाने पर भी हमारा कोई नियंत्रण नहीं है।

हम यह पहले ही बता चुके हैं कि किस तरह हमारी संसद ऐसे ऐसे कानून पारित करती है जो देशी विदेशी कंपनियों या विदेशी सरकारों के प्रभाव में आकर किये जाते हैं। इस देश के लोगों की ज़िंदगी कौड़ियों के भाव दांव पर लगा दी जाती है।

तो वोट डालते हैं हम, सरकार चुनते हैं हम और हमसे सरकार पूछती नहीं है कि हमें किस तरह के कानून चाहिए। कानून बनाने के पहले सरकार कंपनियों और विदेशी सरकारों से पूछती है।

तो तीसरी बात ये निकलकर आती है कि हमारे देश के कानूनों के बनने पर, हमारे देश की संसद पर, हमारे देश की विधान सभाओं पर जनता का किसी तरह का कोई नियंत्रण नहीं है।

जनता के नहीं सरकार के हैं प्राकृतिक संसाधन

हमारा, हमारे देश के प्राकृतिक संसाधनों पर भी कोई नियंत्रण नहीं है। हमारे जितने प्राकृतिक संसाधन हैं जैसे जल, जंगल, खनिज आदि इनको छीन-छीन कर कंपनियों को दिया जा रहा है।

ज़मीन

इस वक्त पूरे देश में भूमि अधिग्रहण को लेकर आग लगी हुई है। लगभग हर राज्य में कम से कम तीन या चार जगहों पर तो ज़मीन अधिग्रहण के खिलाफ ज़मीनें अधिग्रहण की जा रहीं हैं। ज़मीनों के अधिग्रहण को लेकर लोगों की बुनियादी तौर पर निम्न आपत्तियां हैं-

कई किसानों का कहना है कि हम ज़मीनें नहीं देंगे। लोगों को समझ नहीं आ रहा है कि जिन योजनाओं के लिए ज़मीनें छीनी जा रहीं हैं, वे जनहित में कैसे हैं? सरकारें इस देश के लागों को यह समझाने में नाकाम रही हैं। अधिकतर जगहों पर ज़मीनें कुछ कंपनियों को देने के लिए अधिग्रहित की जा रहीं हैं। यह बात इस देश के लोगों की समझ के बिल्कुल परे है कि लोगों के द्वारा चुनी हुई सरकारें, लोगों के कड़े विरोध के बावजूद कुछ कंपनियों को फायदा पहुंचाने के लिए क्यों ज़मीनें छीन रही हैं? कुछ का कहना है कि हमें ज़मीन के बेहतर दाम चाहिए। जिन दामों पर किसानों से ज़मीनें छीनी जाती हैं, वे बहुत कम हैं। लगभग हर आंदोलन में लोगों का दाम को लेकर सरकार से झगड़ा चल रहा है। बिना लोगों से सलाह मशविरा किए, लोगों से ज़मीन छीन ली जाती है और दाम भी तय कर दिये जाते हैं। ऊपर से यह पैसा भी लोगों को कई-कई दशकों तक नहीं मिलता। कई आदिवासी इलाके, जहां से ज़मीनें अधिग्रहित की गई हैं, वहां मुआवज़े के तौर पर यदि

किसान को एक या दो लाख रुपये मिल भी गए, तो जिंदगी नहीं कटेगी। ऐसे सभी किसानों को सरकारें उनकी ज़मीनें छीनकर भुखमरी के कगार पर छोड़ देती हैं। अक्सर जब गांव के गांव अधिग्रहित किये जाते हैं तो ज़मीन वालों को तो ज़मीन के दाम मिल जाते हैं पर जो लोग वहां मजदूरी करते थे या गांव में कोई दुकान आदि लगाते थे या कोई अन्य व्यवसाय करते थे, उन्हें कुछ नहीं मिलता। वो सब के सब बेरोजगार हो जाते हैं। भले ही विभिन्न परियोजनाओं के लिए किये जा रहे भूमि अधिग्रहण में कंपनी को मोटा मुनाफा होता है, लेकिन किसानों को बेरोजगारी मिलती है, भूमिहीनों को भुखमरी और देश की खाद्य सुरक्षा कमजोर होती है। और हम इसके मूक दर्शक होते हैं।

भूमि अधिग्रहण की व्यवस्था को हमें ठीक से समझना होगा। मान लीजिए हमारे गांव में कोई कंपनी एक फैक्टरी लगाना चाहती है तो वो कंपनी हमारे गांव वालों के पास नहीं आती। वो कंपनी जाती है राज्य सरकार के पास। और राज्य सरकार में बैठा हुआ कोई अधिकारी या नेता उनसे पैसे खा लेता है और उसे मंजूरी दे देता है कि "आप इस गांव में फैक्टरी लगा सकते हो"। और उसके बाद सारी सरकारी ताकत इस्तेमाल करके, पुलिस इस्तेमाल करके लोगों को बेदखल किया जाता है, उनसे ज़मीन कौड़ियों के भाव छीनी जाती है। और वो ज़मीन इन कंपनियों को कौड़ियों के भाव दे दी जाती है

विशेष आर्थिक क्षेत्र (स्पेशल इकॉनॉमिक जोन) (SEZ) के नाम पर इस देश में न जाने कितने लोगों की ज़मीनें छीनी गईं। क्या आपको पता है कि केंद्र सरकार में एक घंटे की मीटिंग में सेज़ के 30-30 प्रोजेक्ट पास किये जाते थे? एक सेज़ प्रोजेक्ट इतना बड़ा होता है। उसे आप मात्र दो मिनट की चर्चा में कैसे पास कर सकते हो? तो पास करना तो महज़ दिखावा था। पास करने के नाम पर पैसे खाते हैं। जिस-जिस कंपनी की रिश्वत का पैसा आ गया, उसका प्रोजेक्ट दो मिनट में पास। जिनकी रिश्वत नहीं आई, उनका प्रोजेक्ट लटका दिया जाता है। तो लोगों का अपनी जमीनों पर भी कोई नियंत्रण नहीं है।

निजी कंपनियों को औने-पौने हमारे देश की खनिज पदार्थों की खदानें दाम में बेची जा रही हैं या लीज़ पर दी जा रही हैं। हमारे देश में खनिज बहुतायत में हैं। कोयला है, लोहा है, बाक्साइट है। ये एक दिन में पैदा नहीं हुए। ये हज़ारों साल की प्राकृतिक प्रक्रिया से बने हैं। पर हमारे देश की सरकारें इन्हें निजी कंपनियों को धड़ल्ले से औने-पौने दामों में बेच रही हैं। खनिजों को हमारे देश के फायदे के लिए इस्तेमाल नहीं करतीं। ये कंपनियां उन खनिजों को निकालकर अंतर्राष्ट्रीय बाज़ार में बहुत अधिक दामों में बेचकर भारी मुनाफा कमाती हैं। जैसे लोहे की खदानें लेने वाली कंपनियां सरकार को महज 27 रुपये प्रति टन रॉयल्टी देती हैं। उसी लोहे को ये कंपनियां अंतर्राष्ट्रीय बाज़ार में 6000 रुपये प्रति टन के हिसाब से बेचती हैं। (खदान से लोहा निकाल कर उसकी सफाई इत्यादि करने में लगभग 300 रुपये प्रति टन खर्च होता है।)

जिस तीव्र गति से देश की खदानों से खनिज निकाला जा रहा है, ऐसा लगता है कि कुछ वर्षों में देश के खनिज खत्म हो जाएंगे। देश के कुछ भागों में तो खनिज खत्म भी होने लगे हैं जैसे कुछ वर्षों पहले तक गोवा से बड़ी मात्रा में लोहा जापान निर्यात किया जाता था। सुनते हैं कि गोवा का अच्छा लोहा लगभग समाप्त हो गया है। कर्नाटक के बेलाडिला का लोहा दुनिया का सबसे बेहतरीन लोहा माना जाता है। यह लोहा पिछले कुछ वर्षों से कर्नाटक के कुछ नेताओं और कंपनियों द्वारा इतनी तेजी से निकाला जा रहा है कि अगले 25 वर्षों में यह लोहा-भण्डार समाप्त ही हो जाएगा। चीन देश के पास भी बेलाडिला जैसी खदानें हैं पर वो अभी उन्हें नहीं खोद रहा। शायद दुनिया का लोहा खत्म होने के बाद वो अपनी खदानें इस्तेमाल करेगा।

जाहिर है कि देश के खनिज, केंद्र और राज्यों की सरकारों में बैठे नेताओं और अफसरों के हाथों में बिल्कुल सुरक्षित नहीं है। ये पार्टियां, ये नेता पूरे देश को उठाकर बेच डालेंगे।

द्वितीयत: इन कंपनियों को जब इन खदानों के परमिट दिये जाते हैं, तो जो लोग वहां रह रहे हैं वहां से उन्हें उजाड़ा जाता है। उड़ीसा, झारखंड और छत्तीसगढ़ की सरकारें खनन के लिए ढेरों करार भिन्न-भिन्न

कंपनियों के साथ साइन कर चुकीं हैं, जिनके तहत कई लाख एकड़ भूमि आदिवासियों से छीनकर इन कंपनियों को दी जा रहीं हैं। उड़ीसा, झारखंड और छत्तीसगढ़ के अनेक इलाके जनता और पुलिस के बीच युद्ध के मैदान बन गए हैं। इसी से इन इलाकों में नक्सलवाद को बढ़ावा मिला है। आदिवासियों की ज़मीनें औने-पौने दामों में छीन कर इन कंपनियों को दे दी जाती हैं। इन खदानों से ये कंपनियां भारी मुनाफा कमाती हैं, लेकिन आदिवासी बेरोजगारी और भुखमरी का शिकार हो जाते हैं।

तृतीयत: ये कंपनियां खनिज निकालते वक्त कोई एहतियात नहीं बरततीं। ये खनिज निकालते वक्त पर्यावरण खराब करती हैं जिसका खामियाज़ा आस पास के रहने वाले लोगों को भुगतना पड़ता है।

रांची के पास एक गांव की घटना बताता हूँ, वहां पर ओ.एन.जी.सी. के तेल निकालने के कुंए हैं। ओ.एन.जी.सी. के कुछ कुँओं में एक बार मीथेन गैस लीक होने लगी। इस तरह के बहुत हादसे आस पास के गांव में हो चुके थे। जब मीथेन गैस चारों तरफ वातावरण में लीक होती है तो आप कहीं भी आग नहीं जला सकते। जैसे ही माचिस की तीली लगाएंगे पूरे वातावरण में आग भभक उठेगी। लोग बहुत परेशान हो गये। उनके पास कोई चारा नहीं था। वो ओ.एन.जी.सी. के खिलाफ कुछ नहीं कर सकते। उन्होंने कलक्टर को शिकायत की। कलक्टर ने कहा कि हम कार्रवाई कर रहे हैं। कलक्टर ने इतने कामचलाऊ तरीके से बात कि जैसे कुछ हुआ ही न हो। उसने कहा कि इस इलाके में मीथेन गैस का रिसना या लीक होना तो आम बात है, लोगों को इसे सहन करना पड़ेगा। कलक्टर को गैस रिसने से कोई फर्क नहीं पड़ता क्योंकि उसकी जिंदगी बड़े सुचारू रूप से चल रही है। तो लोगों का देश के खनिजों पर, उनकी खुली लूट पर और उनके खनन से फैल रहे प्रदूषण पर कोई नियंत्रण नहीं है।

वनों की स्थिति भी कुछ ऐसी ही है। बीर सिंह मरकम छत्तीसगढ़ के बस्तर जिले के एक गांव का रहने वाला आदिवासी है। जंगल की एक छोटी सी ज़मीन के टुकड़े पर वह मक्का उगाता था। इसी से उसके पूरे परिवार की रोटी चलती थी। 1998 में वन विभाग वाले बीर सिंह

के साथ उसके गांव के 75 लोगों को गिरफ्तार करके ले गए और जंगल की ज़मीन पर अवैध कब्जा करने के जुर्म में उन सबको जेल में डाल दिया। रिहा होने के बाद अगले कुछ वर्षों में मरकम को कम से कम 20 बार कोर्ट जाना पड़ा। कोर्ट उसके गांव से लगभग 30 किमी दूर है। हर कोर्ट की पेशी ने उसकी और कमर तोड़ दी। अंततः सभी खर्चे और जुर्माना चुकाने के लिए उसे अपने बैल बेचने पड़े। मरकम जैसे लाखों करोड़ों ऐसे आदिवासी हैं जिनके साथ भारत की आजादी ने सबसे भद्दा मजाक किया। 1947 तक, अंग्रेजों ने आदिवासी इलाकों पर लागू नहीं होता था, 'एक्सक्लूडेड एरिया' कहा जाता था। अर्थात् ये इलाके अंग्रेज़ी सत्ता से काफ़ी हद तक बाहर थे।

26 जनवरी 1950 को भारतीय संविधान लागू हुआ और सभी भारतीय कानून सभी आदिवासी इलाकों पर भी लागू कर दिये गए। जिस ज़मीन पर आदिवासी सदियों से रह रहे थे, उस ज़मीन की मिल्कियत दिखाने के लिए अधिकतर आदिवासियों के पास तो कोई कागज ही नहीं थे। बाहरी लोगों ने इसका फायदा उठाया और छल से उनकी ज़मीनें हथियाने लगे। उसी तरह जिन आदिवासियों की अभी तक जंगलों पर आजीविका निर्भर थी (कई आदिवासी तो जंगलों में ही रहते थे) इन सभी जंगलों को सरकारी संपत्ति घोषित कर दिया गया और अचानक ये आदिवासी अपने ही घर में, अपनी ही ज़मीन पर और अपने ही जंगलों में गुनहगार हो गये।

ये आदिवासी सदियों से जंगलों में रहते आए, लेकिन उनके पास इन ज़मीनों के कागज नहीं हैं। तो इन्हें इन ज़मीनों पर अनाधिकृत कब्जा किया हुआ माना जाता है। अधिकारी आकर लोगों को खेत जोतने से रोकते हैं, लकड़ी लेने से रोकते हैं, पत्ते और फल नहीं बीनने देते, पशु नहीं चराने देते। हाथियों को लाकर खेतों को रौंद दिया जाता है। बबूल के बीज चारों तरफ फेंक कर मिट्‌टी बर्बाद कर देते हैं। लोगों को पीटा जाता है, गिरफ्तार किया जाता है और उनकी फसलें बर्बाद कर दी जाती हैं। वन विभाग के कर्मचारी तो एक तरह से अपनी ड्‌यूटी कर रहे हैं- वनों की रक्षा। यह कहकर सरकार पल्ला झाड़ लेती है।

एक तरफ तो आदिवासियों को जंगलों से बेदखल किया जा रहा है, दूसरी तरफ वन विभाग के कर्मचारी, ठेकेदार और नेता मिलकर जंगलों को खुलेआम लूट रहे हैं। जो वन आदिवासियों और लोगों के संरक्षण में सदियों से सुरक्षित थे, वही वन अब वन विभाग के अधीन आते ही लुप्त होने लगे हैं। आइए कुछ उदाहरणों से जानते हैं इस लूट को-

(i) तेंदू पत्ते निकालने के लिए हर वर्ष सरकार वनों से ठेके दिए जाते हैं। एक ठेकेदार को 1500 से 5000 तक बोरे निकालने का ठेका तो इतने का मिलता है पर वन विभाग के अधिकारियों को रिश्वत देकर असली में वो कितना निकालता है, ये किसी को नहीं पता चलता। एक छोटे से छोटा ठेकेदार भी साल में 15 लाख से ज्यादा कमा लेता है। पर वो आदिवासियों को जंगल से तेंदू पत्ता निकालने का 30 पैसा प्रति बंडल से भी कम देता था, जो बाद में नक्सलियों के दबाव में एक रुपया प्रति बंडल किया गया।

(ii) कई-कई वर्षों तक लाखों टन बांस निकालने की इजाजत सरकार पेपर मिलों को बहुत ही सस्ते में देती है। और ये मिल वाले वहीं के आदिवासियों को एक बंडल निकालने के 10 से 20 पैसे मज़दूरी देते हैं। और खुद भारी मुनाफ़ा कमाते हैं।

तो हमारे देश के वनों को नेता, अफ़सर और ठेकेदार मिलकर जमकर लूट रहें हैं।

हमारे देश की नदियां तक बेची जा रही हैं। छत्तीसगढ़ में तो पूरी की पूरी शिवनाथ नदी एक कंपनी को बेच दी गयी। अब अगर किसी व्यक्ति को किसी भी काम के लिए उस नदी का पानी इस्तेमाल करना है- सिंचाई के लिए, पीने के लिए, कपड़े धोने के लिए तो कंपनी की मर्ज़ी के बिना नहीं कर सकते।

देश की लगभग सभी नदियों पर बांध बनाए जा रहे हैं। गंगा पर इतने बांध बनाए जा रहें है कि बताते हैं कि गंगा का अस्तित्व ही नहीं बचेगा। गंगा महज़ बांधों के बीच में बहने वाली एक धारा मात्र रह जाएगी। हम

सहमत हैं देश को बिजली की ज़रूरत है। पर क्या हम इस बात को नकार सकते हैं कि देश को नदियों की भी जरूरत है? कई देशों में राष्ट्रीय नदियों को अपनी अविरल धारा में बहते रहने के लिए कानूनी संरक्षण है। हमारे देश में ऐसा नहीं है। पिछले कुछ सालों में जिस तेज़ी से हर नदी पर बांध बनाने के ठेके कंपनियों को दिए गए हैं, उससे लगता है कि सरकार में बैठे नेताओं और अफ़सरों को बिजनी उत्पादन की कम और ठेकों में मिलने वाली रिश्वत कमाने की ज़्यादा तत्परता है। इस रफ्तार से कुछ ही वर्षों में सभी नदियां गंदे नालों में बदल जाएंगी।

देश के कई शहरों में पानी की व्यवस्था विदेशी कंपनियों को बेची जा रही है। दिल्ली की सरकार दिल्ली की पानी कर व्यवस्था को कुछ विदेशी कंपनियों को बेचने जा रही थी। पर लोगों के आंदोलन के बाद उन्हें इसे रोकना पड़ा।

इन सब उदाहरणों से एक बात तो साफ है कि इन पार्टियों, नेताओं और अफ़सरों के हाथों में हमारे देश के प्राकृतिक संसाधन खतरे में है। जल्द ही कुछ नहीं किया गया तो ये लोग मिलकर सब कुछ बेच डालेंगे।

जनतंत्र लाना होगा

कुल मिलाकर यह कहिए कि इस पूरी की पूरी व्यवस्था पर हमारा कोई नियंत्रण नहीं है। हम सरकारी कर्मचारियों का कुछ नहीं कर सकते। सरकारी फंड तथा सरकारी नीतियों पर हमारा कोई नियंत्रण नहीं हैं। कानून बनने पर भी कोई नियंत्रण नहीं है। विधान सभाओं व संसद पर भी कोई नियंत्रण नहीं है। जल, जंगल, ज़मीन सहित जितने प्राकृतिक संसाधन हैं इनको बेचा जा रहा है इस पर भी हमारा कोई नियंत्रण नहीं है। एक दिन ये सारी पार्टियां और नेता मिलकर देश को बेच डालेंगे।

क्या यही जनतंत्र है? क्या इसी को हम जनतंत्र कहेगें कि पांच साल में एक बार वोट डालो और उसके बाद अपनी जिंदगी इन नेताओं और अफ़सरों के हाथ में गिरवी रख दो। ये जनतंत्र नहीं हो सकता। ज़रूर

कहीं न कहीं कुछ गड़बड़ है। तो हमारे देश की मूल समस्या ये है कि हमारे देश मे ंजनतंत्र नहीं है।

हमें जनतंत्र चाहिए। अब ये पांच साल में एक बार वोट डालने की राजनीति नहीं चलेगी। अब सीधे सीधे जनता को सत्ता में भागीदारी चाहिए। जनता निर्णय ले और नेता और अफ़सर उन निर्णयों का पालन करें।

–अरविंद केजरीवाल (स्वराज से)

–(इस अध्याय में हमने श्री **केजरीवाल की पुस्तक स्वराज से कुछ अंश ज्यों के त्यों लिये हैं।** इसके पीछे उद्देश्य यह है कि जन साधारण को हम उनके मौलिक विचारों से अवगत कराना चाहते है। इसके लिए हम प्रकाशक के आभारी हैं।)

11 मैं हूँ आम आदमी

अरविंद मदर टेरेसा के जीवन से अत्यधिक प्रभावित हैं। वह मदर टेरेसा से मिल भी चुके हैं। कुछ समय तक मिशनरीज ऑफ चैरिटी से भी जुड़े रहे। सन् 2006 में इनकम टैक्स के ज्वाइंट कमिश्नर की नौकरी छोड़ने के बाद अपना पूरा समय समाज सेवा में लगाया। इस समाज सेवक की व्यक्तित्व के कुछ खास पहलू हैं जो अन्य आम आदमी से इन्हें अलग करता है। केजरीवाल बेहद जुझारू शख्स हैं। वह जो संकल्प कर लेते हैं, उसे अवश्य पूरा करते हैं। यह जज्बा उनके समाजिक कार्यों में झलकता है। आपने आर.टी.आई. एवं जनलोकपाल मुद्दों पर देखा ही है। इस आम आदमी में गजब की संगठन क्षमता है। उन्हें विश्वास था कि इस तंत्र को बदला जा सकता है। उनमें हमेशा समाज के लिए कुछ करने की चाहत रही है। इसलिए टाटा में काम करते हुए भी उन्होंने सोशल सेक्टर में काम करने की इच्छा जाहिर की।

आर.टी.आई. लाने में अहम् भूमिका निभाने वाले अरविंद केजरीवाल ने सन् 1999 में सर्विस के दौरान ही 'परिवर्तन' नाम से एक आन्दोलन शुरू किया था, जिसके माध्यम से वह टैक्स, बिजली, पानी और खाद्यान्न जैसे मुद्दों पर आम लोगों की सहायता करते थे। इसी बीच सूचना का अधिकार (आर.टी.आई.) कानून बनवाने और उसे लागू करने के लिए उन्होंने अरुणा राय के साथ गुप्तरूप से एक बड़ा सामाजिक आन्दोलन भी चलाया, जिसके परिणामस्वरूप 2005 आर.टी.आई. अधिनियम लागू हुआ। इसके लिए उन्हें मैग्सेसे पुरस्कार 2006 में मिला। हालांकि इस पुरस्कार से मिली राशि भी जन लोकपाल आन्दोलन के लिए दान कर दी गई।

वर्ष 2001 में अरविंद एक बार फिर चर्चा में आए, जब समाज में अन्ना हजारे के साथ मिलकर उन्होंने जंतर-मंतर पर आंदोलन शुरू किया। जन लोकपाल बिल के ड्राफ्ट को तैयार करने के लिए केन्द्र सरकार द्वारा बनाई गई कमेटी में सिविल सोसायटी के जिन सदस्यों को शामिल किया गया था, केजरीवाल उनमें से एक थे।

सरकार के रवैये को देखते हुए उन्होंने अन्ना और किरन बेदी के खुले विरोध के बावजूद आन्दोलन का रास्ता छोड़कर राजनीति में उतरने का निश्चय किया और पिछले साल 2 अक्टूबर को पार्टी बनाने की घोषणा की। केजरीवाल ने अपनी पार्टी का नाम 'आम आदमी पार्टी' रखा क्योंकि उनका दावा है कि उनकी पार्टी आम आदमी की नुमाइंदगी करती है। समाज में बड़े स्तर पर बदलाव के लिए राजनीति अच्छा माध्यम है। पार्टी बनाना इसी सोच का एक हिस्सा है। उनकी पार्टी का काम करने का तरीका सबसे अलग है। बहुत सारे आई.टी. प्रोफेशनल, इंजीनियर तथा बिजनेसमैन आदि ने स्वैच्छिक रूप से पिछले 8 महीनों में जमकर काम किया। उन्होंने सोशल नेटवर्किंग के जरिए अपने दल की विचारधारा का प्रचार किया।

केजरीवाल का अपने पार्टी का चुनाव चिन्ह झाड़ू बनाने के पीछे राजनीति से गंदगी साफ करने की मंशा रही होगी। वे इसी दावे के साथ राजनीति में उतरे हैं कि करप्शन की गंदगी को साफ कर आम आदमी को जगह दिलायेंगे। जाहिर है कि ऐसे में पार्टी का चुनाव चिन्ह झाड़ू एकदम उचित है या यूँ कहें कि तमाम अच्छे दिखने वाले चुनाव चिन्ह पहले से ही दूसरी पार्टियों के पास हैं।

'आप' का अठारह सूत्रीय कार्यक्रम

'आप' ने दिल्ली विधानसभा चुनाव से पूर्व आम आदमी से एक नहीं, दो नहीं, दस नहीं, कुल 18 वादे किए हैं। यह वादे निम्नलिखित हैं-

1. दिल्ली से वी.आई.पी. कल्चर खत्म करेंगे। लाल बत्ती, बंगला, गाड़ी व सिक्योरिटी नहीं लेंगे।
2. भ्रष्टाचार के खिलाफ सख्त जनलोकपाल बिल पास करेंगे।

3. स्वराज कानून स्थापित करेंगे, सारे अधिकार मुहल्ला सभाओं को देंगे।
4. दिल्ली को पूर्ण राज्य का दर्ज़ा दिलायेंगे।
5. बिजली कम्पनियों का ऑडिट करवायेंगे।
6. तेज चल रहे बिजली मीटरों की जाँच करवायेंगे।
7. हर घर को 700 लीटर साफ पानी मुफ्त देंगे।
8. सभी अनाधिकृत कॉलोनियों को एक साल में नियमित करेंगे।
9. जब तक पक्के मकान नहीं बनेंगे तब तक झुग्गियाँ नहीं तोड़ी जायेंगी।
10. ठेके पर कर्मचारियों को रखने की प्रथा बंद करेंगे।
11. वैट का सरलीकरण करेंगे।
12. किराना में एफ.डी.आई. नहीं आने देंगे।
13. ग्राम सभा की मंजूरी के बिना ज़मीन का अधिग्रहण नहीं होगा, लाल डोरा बढ़ाया जायेगा।
14. सरकारी स्कूलों में शिक्षा का स्तर सुधारेंगे।
15. सरकारी अस्पतालों में प्राइवेट अस्पतालों से भी बेहतर इलाज का इंतजाम करेंगे।
16. महिलाओं की सुरक्षा के लिए स्पेशल महिला सुरक्षा दलों का गठन करेंगे।
17. नई अदालतें खोली जायेंगी और नये जजों की नियुक्ति की जायेगी। 6 महीने या सालभर में केस निपटेंगे।
18. अन्य पार्टियाँ केंद्र सरकार के मुद्दों पर 'आप' का साथ देंगी।

दिल्ली विधानसभा चुनाव 2013 में जहाँ बड़ी या छोटी पार्टियाँ यहाँ तक की निर्दलीय उम्मीदवारों ने पोस्टर, बैनर, रैलियों की हर जगहों पर झड़ी लगा रखी थी। वहीं पर 'आप' ने सादगी से प्रचार किया। दिलचस्प बात यह है कि प्रचार का माध्यम भी सोशल नेटवर्किंग ही था। आम आदमी से जुड़ा यह प्रचार अभियान इतना जबरदस्त था कि चुनाव परिणाम करिश्माई बन गया। 128 वर्ष पुरानी कांग्रेस की पैरों तले की

जमीन ही गायब हो गई, भारतीय जनता पार्टी के नेताओं ने इस बार दिल्ली पर शासन करने के जो सपने सजाए थे, वह शीशे की तरह चकनाचूर हो गये। इस मुख्यमंत्री पद को अपने जेब में समझने वाली भारतीय जनता पार्टी को भी अपने दाँत खट्टे करने पड़ गये।

'सरकार सूचना अधिकार को कमजोर कर रही है'

रैमन मैग्सेसे पुरस्कार विजेता अरविंद केजरीवाल ने कहा है कि अगर सरकार सूचना के अधिकार कानून में प्रस्तावित संशोधनों को लागू करती है तो इस अधिकार का कोई मतलब ही नहीं रह जाएगा।

उन्होंने चिंता व्यक्त करते हुए कहा, "सरकार ने प्रस्तावित संशोधनों में यह भी तय किया है कि किसी भी मामले में लोगों को तब तक सूचनाएँ नहीं दी जाएँगी जब तक उन पर अंतिम फैसला नहीं ले लिया जाता है, ऐसा करने से तो कानून कमजोर हो जाएगा।"

उन्होंने यह बातें बीबीसी हिंदी रेडियो के साप्ताहिक कार्यक्रम, आपकी बात बीबीसी के साथ में श्रोताओं के सवालों का जवाब देते हुए कही।

अरविंद केजरीवाल भारत में सूचना का अधिकार अभियान से जुड़े हैं और दिल्ली में 'परिवर्तन' नाम की एक संस्था चला रहे हैं।

अंतिम फैसले के बिना कोई जानकारी न मिलने के प्रस्ताव पर तो उन्होंने कड़ी आपत्ति जताई और कहा कि इससे लोगों को जानकारी मिलेगी जब सुधार की गुंजाइश खत्म हो चुकी होगी और लोगों का पैसा गलत तरीके से इस्तेमाल हो चुका होगा।

उन्होंने कहा, "यह कानून सोनिया गांधी की मदद से आया था पर इन प्रस्तावित संशोधनों पर उनकी चुप्पी आश्चर्यचकित करती है, उन्हें इस मामले में हस्तक्षेप करके कानून को खत्म होने से बचाना चाहिए।"

अरविंद केजरीवाल ने कहा कि सरकार ने एक ओर तो लोगों को ऐसा कानून दिया जिसका प्रयोग करके आम नागरिक सरकारी तंत्र में पारदर्शिता तय कर सकें, लेकिन दूसरी ओर फाइल नोटिंग जैसी जानकारियों से लोगों को वंचित किया जा रहा है।

अभियान की जरूरत

उन्होंने कहा कि सूचना का अधिकार अभियान की जो ताकत है उसका अंदाजा इसी बात से लगाया जा सकता है कि केंद्रीय स्तर पर लागू होने के 11 महीने बाद ही सरकार की ओर से प्रस्तावित संशोधनों का लोग विरोध कर रहे हैं।

उन्होंने कहा कि यदि इस कानून की ताकत को परखना है तो अधिक से अधिक लोगों तक इसके बारे में जानकारी देनी होगी।

हालाँकि उन्होंने माना कि ग्रामीण क्षेत्रों और अशिक्षित लोगों के बीच इस कानून के प्रचार-प्रसार की चुनौती तो है ही, सरकार की ओर से इस दिशा में कोई ठोस प्रयास भी नहीं किए गए हैं।

उन्होंने कहा कि इसके लिए सरकार को ऐसी व्यवस्था करनी चाहिए जिससे लोग मौखिक रूप से ही अपने सवाल दर्ज करा सकें और लोगों को सूचनाएं दी जाएं।

भारतीय प्रशासनिक सेवा से इस्तीफा दे चुके केजरीवाल सरकार पर यह आरोप लगाने से भी नहीं चूके कि सरकार संशोधनों के नाम पर इस कानून को पिछले दरवाजे से वापस लेना चाह रही है।

उन्होंने बताया कि इसके खिलाफ देशभर में विरोध-प्रदर्शनों शुरू किए जाएँगे।

"सरकार ने प्रस्तावित संशोधनों में यह भी तय किया है कि किसी भी मामले में लोगों को तब तक सूचनाएँ नहीं दी जाएंगी जब तक उन पर अंतिम फैसला नहीं ले लिया जाता है, ऐसा करने से तो कानून कमजोर हो जाएगा।"

टीम अन्ना के सदस्य अरविंद केजरीवाल अब तक संसद और सांसदों के बारे में जो बातें भाषणों में कहते रहे हैं, उसे लिख कर सीधे संसद को ही भेज दिया है। संसद से आए विशेषाधिकार हनन नोटिस के जवाब में उन्होंने एक पत्र भेजा है। इसमें उन्होंने फिर चिंता जताते हुए कहा है, 'लोकसभा के अंदर 162 ऐसे सांसद हैं, जिन पर 522 आपराधिक मामले दर्ज हैं इनमें से 76 के खिलाफ संगीन आपराधिक

मामले दर्ज हैं जब तक ऐसे लोग संसद में बैठे हैं, तब तक इस देश से अपराध कम नहीं होगा। आज ही बताइए ऐसे सांसदों का मैं सम्मान कैसे करूं।'

केजरीवाल ने राज्यसभा और लोकसभा सचिवालय को विशेषाधिकार हनन के नोटिस के जवाब में चार पेज का लंबा जवाब भेजा। इसमें उन्होंने संसद के अपमान के आरोप को गलत बताते हुए लिखा, 'मैं संसद की बहुत इज्जत करता हूँ। संसद का बहुत सम्मान करता हूँ। जनतंत्र के मंदिर की तरह मानता हूँ।' लेकिन साथ ही कहा कि 'संसद का अपमान बाहर के लोगों की बजाय इसके अंदर बैठे कुछ लोग कर रहे हैं।'

संसद और सांसदों को लेकर विवादास्पद तेवर जारी रखते हुए उन्होंने लिखा है कि जो दागी लोग संसद में बैठे हैं, उनके खिलाफ मामले पूरे होने में दशकों लगेंगे। अगर 20 साल बाद इनके खिलाफ लगाए आरोप सही साबित पाए जाते हैं तो क्या यह अत्यंत चिंता का विषय नहीं होगा कि इतने वर्षों तक हमारी संसद में ऐसे हत्यारे, ठग और अपहरणकर्ता कानून बनाते रहे? राष्ट्रीय जनता दल के दो सांसदों राजनीति प्रसाद और रामपाल यादव के नोटिस के जवाब में भेजे गए अपने पत्र में केजरीवाल ने सवाल उठाया है कि जिन सांसदों ने संसद में सवाल पूछने के लिए रिश्वत ली, उनके खिलाफ आरोप साबित होने के बाद भी उन्हें सिर्फ सदस्यता से हटाया गया। संसद का ऐसा अपमान करने वाले सांसदों को जेल क्यों नहीं भेजा गया?

इसी तरह टीम अन्ना सदस्य ने एक निजी एयरलाइन के मालिक का उदाहरण देते हुए कहा कि इनके किसी जनसेवा के काम के बारे में वे नहीं जानते। इसके बाद भी वे नागरिक उड्डयन पर संसद की स्थायी समिति के सदस्य के नाते देश की उड्डयन नीति बना रहे हैं। जाहिर है कि वे ऐसी ही नीतियां बनाएंगे जिनसे उनकी एयरलाइन को फायदा मिले। इस उदाहरण के जरिए भी केजरीवाल ने सवाल उठाया कि क्या ऐसा दुरुपयोग संसद का अपमान नहीं?

12 अरविंद केजरीवाल, सामाजिक कार्यकर्ता

केजरीवाल के सवाल

1. कुछ ऐसे सांसद हैं जिन्हें आप शादी-विवाह, त्योहार में अपने घर बुलाने से भी कतराएं। क्या ऐसे लोगों के संसद में बैठने से संसद का अपमान नहीं होता?
2. क्या सांसदों को खरीदना और सांसदों का बिकना देशद्रोह से कम है? कैसे करूं ऐसे सांसदों की इज्जत?
3. अंदर बिल फाड़े जाएं तो अध्यक्ष सहित पूरा सदन मौन रहता है, लेकिन बाहर कोई मुहावरा भर कह दे तो आहत क्यों हो जाते हैं सांसद?
4. रिश्वत लेकर प्रश्न पूछने वालों को संसद के अपमान पर जेल क्यों नहीं?
5. कलमाड़ी, राजा, लालू के भ्रष्टाचार ने गरिमा घटाई या बढ़ाई?
6. उद्यमियों को संसद में बैठ अपने फायदे की नीति बनाने की छूट क्यों?

आम आदमी पार्टी, संक्षेप में आप, सामाजिक कार्यकर्ता अरविंद केजरीवाल एवं अन्ना हजारे के लोकपाल आंदोलन से जुड़े बहुत से सहयोगियों द्वारा गठित एक भारतीय राजनीतिक दल है। इसके गठन की आधिकारिक घोषणा 26 नवम्बर 2012 को भारतीय संविधान अधिनियम की 63वीं वर्षगाँठ के अवसर पर जंतर-मंतर, दिल्ली में की गयी थी।

सन् 2011 में इंडिया अगेंस्ट करप्शन नामक संगठन ने अन्ना हजारे के नेतृत्व में हुए जन लोकपाल आंदोलन के दौरान भारतीय राजनीतिक दलों द्वारा जनहित की उपेक्षा के खिलाफ आवाज उठाई। अन्ना भ्रष्टाचार विरोधी जनलोकपाल आंदोलन को राजनीति से अलग रखना चाहते थे, जबकि अरविंद केजरीवाल और उनके सहयोगियों की यह राय थी कि पार्टी बनाकर चुनाव लड़ा जाये। इस उद्‌देश्य के तहत पार्टी पहली बार दिसम्बर 2013 में दिल्ली विधानसभा चुनाव में झाड़ू चुनाव चिन्ह के साथ चुनावी मैदान में उतरी।

पार्टी ने चुनाव में 28 सीटों पर जीत दर्ज की और विपक्ष में बैठने का निर्णय लिया।

पार्टी का उद्‌भव व इतिहास

आम आदमी पार्टी की उत्पत्ति सन् 2011 में इण्डिया अगेंस्ट करप्शन द्वारा अन्ना हजारे के नेतृत्व में चलाये गये जन लोकपाल आन्दोलन के समापन के दौरान हुई। जन लोकपाल बनाने के प्रति भारतीय राजनीतिक दलों द्वारा प्रदर्शित उपेक्षापूर्ण रवैये के कारण राजनीतिक विकल्प की तलाश की जाने लगी थी। अन्ना हजारे भ्रष्टाचार विरोधी जनलोकपाल आन्दोलन को राजनीति से अलग रखना चाहते थे जबकि अरविन्द केजरीवाल आन्दोलन का लक्ष्य प्राप्त करने के लिए एक अलग पार्टी बनाकर चुनाव में शामिल होने के पक्षधर थे। उनके विचार से वार्ता के जरिये जन लोकपाल विधेयक बनवाने की कोशिशें व्यर्थ जा रहीं थीं। इण्डिया अगेंस्ट करप्शन द्वारा सामाजिक जुड़ाव सेवाओं पर किये गये सर्वे में राजनीति में शामिल होने के विचार को व्यापक समर्थन मिला। 19 सितम्बर 2012 को अन्ना और अरविन्द इस निष्कर्ष पर पहुँचे कि उनके राजनीति में शामिल होने सम्बन्धी मतभेदों का दूर होना मुश्किल है। इसलिए उन्होंने समान लक्ष्यों के बावजूद अपना रास्ता अलग करने का निश्चय किया। जन लोकपाल आन्दोलन से जुड़े मनीष सिसोदिया, प्रशांत भूषण व योगेन्द्र यादव आदि ने अरविन्द केजरीवाल का साथ दिया, जबकि किरण बेदी व सन्तोष हेगड़े आदि कुछ अन्य लोगों ने

हजारे से सहमति प्रकट की। केजरीवाल ने 2 अक्टूबर 2012 को राजनीतिक दल बनाने की घोषणा की। इस प्रकार भारतीय संविधान की वर्षगांठ के दिन 26 नवम्बर (2012) को औपचारिक रूप से आम आदमी पार्टी का गठन हुआ।

संरचना और नीतियाँ

आम आदमी पार्टी ने भारत के अन्य राजनीतिक दलों से अपनी संरचना एवं बुनियादी नीतियाँ कई तरह से अलग रखी हैं।

- कोई केंद्रीय आलाकमान नहीं होगा। परिषद के सदस्य ही कार्यकारिणी का चुनाव करेंगे। परिषद को उन्हें वापस बुलाने की शक्ति भी होगी।
- पार्टी के विधायक या सांसद अपने वाहनों पर लाल बत्ती या किसी अन्य चिन्ह का प्रयोग नहीं करेंगे।
- पार्टी के विधायक या सांसद कोई विशेष सुरक्षाबल का प्रयोग नहीं करेंगे।
- पार्टी के विधायक या सांसद किसी भी आलीशान सरकारी बंगले में नहीं रहेंगे।
- पार्टी के सांसद और विधायक 25,000 रु. से ज्यादा वेतन नहीं लेंगे।
- अपराधियों और गुंडों को या पहले से एफ.आई.आर. दर्ज लोगों को चुनाव में उम्मीदवार नहीं बनाया जाएगा। इसके साथ ही जाँच के माध्यम से यह सुनिश्चित किया जाएगा कि जिन व्यक्तियों का आपराधिक रिकॉर्ड है या जिनके ऊपर भ्रष्टाचार के आरोप सिद्ध हो चुके हैं उन्हें पार्टी से चुनाव न लड़ने दिया जाये।
- पार्टी पूर्ण वित्तीय पारदर्शिता के साथ कार्य करेगी। चंदे तथा चुनावी व्यय का पूरा ब्यौरा पार्टी के अंतर्जाल पृष्ठ पर रखा जाएगा।
- पार्टी एक ही परिवार के दो सदस्यों को चुनाव में टिकट नहीं देगी। एक ही परिवार के दो व्यक्ति कार्यकारिणी के सदस्य भी नहीं बन सकते।

- पार्टी सत्ता में आने पर खारिज करने का अधिकार (राइट टू रिजेक्ट) कानून बनाएगी।
- पार्टी सत्ता में आने के बाद एक महीने के अन्दर केन्द्र में अन्ना वाला जनलोकपाल बिल और राज्यों में लोकायुक्त कानून बनाएगी। इसके दायरे में प्रधानमंत्री से लेकर चपरासी ग्रेड तक के लोग रहेंगे।
- पार्टी संगठन के सभी स्तरों पर समाज के दलित और अन्य अल्पसंख्यक वर्गों से सहयोजन करेगी।

पार्टी एजेण्डा

- जन लोकपाल विधेयक लागू करना।
- राइट टू रिकॉल - चुने हुए जन-प्रतिनिधियों को वापस बुलाने का अधिकार
- राइट टू रिजेक्ट - नकारने का अधिकार
- राजनीतिक विकेन्द्रीकरण
- मुफ्त शिक्षा और मुफ्त स्वास्थ्य।

13 दिल्ली विधानसभा चुनाव - 2013 की एक झलक

4 दिसम्बर 2013 को हुए दिल्ली राज्य विधानसभा चुनाव में पार्टी ने पहला चुनाव लड़ा। उसने पूरी दिल्ली के लिए घोषणापत्र तैयार करने के साथ ही प्रत्येक निर्वाचन क्षेत्र के लिए अलग-अलग घोषणापत्र तैयार किया।

6 दिसम्बर को घोषित हुए परिणाम में 70 सदस्यी दिल्ली विधानसभा में पार्टी 28 सीटों पर विजयी रही। 32 विधान सभा क्षेत्रों की विजेता भारतीय जनता पार्टी के बाद वह दूसरी सबसे बड़ी पार्टी के रूप में उभरी। अरविंद केजरीवाल ने सत्तारूढ़ी कांग्रेस पार्टी की निवर्तमान मुख्यमंत्री शीला दीक्षित (कांग्रेस) को लगभग 25,000 वोटों से पराजित किया और कांग्रेस केवल 8 सीटों पर सिमट गई। दिल्ली के उपराज्यपाल नजीब जंग ने भाजपा द्वारा सरकार बनाने से मना करने के बाद आम आदमी के विधायक दल के नेता अरविंद केजरीवाल को सरकार बनाने के लिए आमंत्रित किया। 14 दिसंबर को राज्यपाल से केजरीवाल की बैठक के पूर्व कांग्रेस प्रदेश अध्यक्ष ने आप को बिना शर्त समर्थन देने का पत्र उपराज्यपाल के पास भेज दिया। केजरीवाल ने सरकार बनाने के लिए जनता की राय जानने के लिए दस दिन की मुहलत ली तथा कांग्रेस और भाजपा से 18 मुद्दों पर पत्र लिखकर स्पष्ट राय माँगी तथा इसके बाद ही जनमत लेकर सरकार बनाने की बात कही।

विवादों का घेरा

दिल्ली चुनाव के पहले पार्टी को कई विवादों का सामना करना पड़ा।

भारतीय गृहमंत्री सुशील कुमार शिंदे ने पार्टी के विदेशी दान की जाँच कराने की बात कही। पार्टी ने दान राशि का संपूर्ण ब्यौरा पार्टी वेबसाइट पर पहले से ही सार्वजनिक होने की बात कही और अन्य राजनीतिक दलों को भी अपने चंदे को सार्वजनिक करने की चुनौती दी।

दिल्ली विधानसभा चुनाव के दिन 4 दिसंबर से कुछ पहले एक मीडिया पोर्टल द्वारा आम आदमी के विधायक पद के उम्मीदवारों का स्टिंग ऑपरेशन सामने आया जिसमें उन पर गैर-ईमानदार होने के आरोप लगाये गए। यह मामला चुनाव आयोग तक पहुँचा। चुनाव आयोग ने वीडियो में कुछ भी आपत्तिजनक न होने की बात कही और वीडियो आम आदमी पार्टी को उपलब्ध करा दिया। आम आदमी पार्टी ने एक प्रेस कांफ्रेंस कर स्टिंग वीडियो में कई महत्वपूर्ण भागों को काट-छांटकर प्रस्तुत करने के आरोप लगाए और मीडिया पोर्टल के प्रमुख के खिलाफ षड्यंत्र कर मानहानि करने की याचिका दायर की।

14 लोकपाल बिल

काफी उथल-पुथल के बाद लोकपाल बिल 18 दिसंबर, 2013 को लोकपाल एवं लोकायुक्त बिल, 2013 के नाम से पारित हो गया। लोकपाल बिल को समझने से पूर्व 'लोकपाल' को समझना आवश्यक है। लोकपाल शब्द संस्कृत शब्द 'लोक+पाल' से लिया गया है जिसका शाब्दिक अर्थ है 'लोगों की देखभाल करने वाला'।

भारतीय लोकपाल को 'ऑम्बुड्समैन' के समकक्ष समझा जा सकता है। यह व्यवस्था स्वीडन में 1809 ई. में अस्तित्व में आई। बाद में दुनिया के अनेक देशों ने इसे अपनाया। 'ऑम्बुड्समैन' स्वीडन भाषा का एक शब्द है जिसका अर्थ है विधायिका द्वारा नियुक्त एक अधिकारी जो प्रशासनिक तथा न्यायिक कार्यवाही के खिलाफ होने वाली शिकायतों को देखे। ऑम्बुड्समैन न केवल भ्रष्टाचार बल्कि कुशासन के आरोपों से जुड़े मामले भी देख सकता है।

इतिहास

भारत में 1960 के दशक के पूर्वार्द्ध में जब भ्रष्टाचार ने सिर उठाना शुरु ही किया था, तब यहाँ भी 'ऑम्बुड्समैन' जैसी संस्था की आवश्यकता महसूस की गयी। भारत में इसी के समकक्ष एक संस्था बनाने का प्रस्ताव संसद में रखा गया।

लोकपाल शब्द का प्रयोग सर्वप्रथम डा. एल एम. सिंधवी ने 1963 में किया। उसके बाद लोकपाल को वैधानिक स्थिति देने का प्रस्ताव सर्वप्रथम कानून मंत्री अशोक कुमार सेन ने 1960 के दशक की शुरुआत में रखा।

1968 में प्रथम लोकपाल बिल का प्रस्ताव शांतिभूषण ने रखा, जो लोकसभा में पारित भी हो गया किन्तु राज्य सभा में पास नहीं हो पाया।

उसके बाद 1971, 1977, 1985, 1989, 1996, 1998, 2001, 2005 तथा 2008 में लोकपाल बिल पेश किया गया किन्तु पारित नहीं हो पाया। इस दौरान इस बिल में संशोधन भी किए गये। 2008 के प्रारूप में भी कई कमियाँ पाई गयी। फिर 2011 में भी यह बिल कुछ संशोधनों के साथ लाया गया परंतु इसका भी काफी विरोध हुआ और अंततः कुछ और संशोधनों के साथ लोकपाल बिल, 2011, लोकपाल एवं लोकायुक्त बिल, 2013 के नाम से 18 दिसंबर, 2013 को पारित हो गया।

सरकार द्वारा बनाये गये प्रारूपों का विरोध अन्ना और उनके सहयोगियों ने पुरजोर तरीके से किया। देश भर में आंदोलन चले, इन आंदोलनों में बढ़-चढ़कर आम जनता ने भाग लिया।

2011 में आये लोकपाल बिल को सिविल सोसायटी के सदस्य एक जन लोकपाल बिल के रूप में चाहते थे।

जन लोकपाल बिल

जन लोकपाल बिल (सिटीजन्स ऑम्बुड्समैन बिल) भ्रष्टाचार विरोधी बिल का एक प्रारूप है जिसे सिविल सोसायटी के सदस्यों ने तैयार किया। इसका प्रारूप तैयार करने वालो में संतोष हेगड़े, (भूतपूर्व सुप्रीम कोर्ट जज एवं भूतपूर्व लोकायुक्त, कर्नाटक), प्रशांत भूषण (सुप्रीम कोर्ट में वकील) तथा अरविंद केजरीवाल (आर.टी.आई.कार्यकर्ता) प्रमुख थे। इस बिल द्वारा सिविल सोसायटी के सदस्यों ने एक जन लोकपाल की नियुक्ति की मांग की। इसके अनुसार जन लोकपाल एक स्वतंत्र निकाय होगा जो न केवल भ्रष्टाचार के मामलों की जांच करेगा, बल्कि एक वर्ष के भीतर जाँच को पूरी करेगा और नजर रखेगा कि मामले की सुनवाई अगले एक वर्ष में पूरी हो जाए।

इस ड्राफ्ट बिल के अनुसार दोषी पाये जाने पर, शिकायत दाखिल होने के दो वर्ष के भीतर ही दोषी व्यक्ति को जेल हो जाएगी और भ्रष्टाचार से कमाई गई धन-दौलत जब्त कर ली जाएगी।

इस ड्राफ्ट द्वारा जन लोकपाल सरकार की अनुमति के बिना ही राजनीतिज्ञों तथा सरकारी अधिकारियों पर अभियोग लगा सकेगा।

जन लोकपाल बिल के प्रमुख बिन्दु-

- केन्द्र में लोकपाल तथा प्रत्येक राज्य में एक लोकायुक्त नियुक्त किया जाएगा। सुप्रीम कोर्ट तथा चुनाव आयोग की भांति ही यह भी एक स्वतंत्र संस्था होगी तथा सरकार व सरकारी अधिकारियों को इसमें दखल का कोई अधिकार नहीं होगा।
- मामलों की जाँच एक वर्ष के भीतर पूरी की जाएगी और अगले एक वर्ष के भीतर मुकदमे की सुनवाई पूरी होगी जिससे शिकायत दाखिल होने के दो वर्ष के भीतर ही भ्रष्ट अधिकारी, जज या राजनीतिज्ञ को जेल भेजा जा सके। जबकि वर्तमान स्थिति यह है कि भ्रष्टाचार में लिप्त लोगों पर जाँच पड़ताल, केस दर्ज होने और सजा होने में सालों लग जाते हैं।

इस ड्राफ्ट में प्रावधान किया गया है कि दोषी व्यक्ति द्वारा किए गये भ्रष्टाचार से सरकार को जो भी नुकसान हुआ हो उसकी भरपाई दोषी द्वारा उसे आरोपी ठहराये जाने के समय ही की जाए।

लोकपाल सदस्यों की नियुक्ति सरकार द्वारा नहीं की जाएगी। इस संस्था के सदस्यों का चयन जजों, देश के नागरिकों तथा वैधानिक अधिकारियों द्वारा किया जाएगा। इस चयन प्रक्रिया में पूरी पारदर्शिता होगी।

यदि इस संस्था का ही कोई सदस्य भ्रष्टाचार में लिप्त पाया जाता है तो इसकी जाँच होगी और उसे दो माह के भीतर ही बर्खास्त कर दिया जाएगा। संस्था की कार्यवाही में ईमानदारी बनी रहे इसके लिए लोकपाल और लोकायुक्त के कामकाज में पूरी पारदर्शिता रखी जाएगी।

वर्तमान में वैधानिक भ्रष्टाचार विरोधी संस्थाए जैसे सी.वी.सी. तथा

सी.बी.आई. की सतर्कता तथा भ्रष्टाचार विरोधी शाखाओं का विलय लोकपाल में कर दिया जाएगा।

उपरोक्त प्रावधानों के साथ-साथ लोकपाल द्वारा उन लोगों को भी रक्षण प्रदान किया जाएगा, जो भ्रष्टाचार के खिलाफ आवाज उठाते हैं।

इस ड्राफ्ट से आम लोगों को यह लाभ होगा कि यदि किसी नागरिक का कोई सरकारी काम विनिर्दिष्ट समय में नहीं होता है तो लोकपाल उत्तरदायी अधिकारी पर वित्तीय दण्ड लगायेगा, जो कि शिकायतकर्ता को मुआवज़े के रूप में दिया जाएगा।

इस प्रकार के प्रावधान से आम नागरिकों की समस्याओं का निराकरण सहजता से हो सकेगा। आम नागरिक अपने क्षेत्र में सरकारी राशन की दुकानों में होने वाली गड़बड़ियों, सड़कों की खस्ता हाल हालतों आदि की शिकायत इस संस्था में कर सकते हैं। यहाँ तक कि यदि किसी मामले में पुलिस रिपोर्ट नहीं दर्ज करती है, या वोटर आई कार्ड पासपोर्ट या राशन कार्ड ईमानदारी से नहीं बनता है तो भी इस संस्था में शिकायत दर्ज़ की जा सकती है।

लोकपाल बिल को लेकर सरकार और सिविल सोसायटी के मध्य अनेक मुद्दों पर मतभेद आरंभ से ही थे।

2011 में संसद में जो बिल पेश किया गया उसका विरोध विपक्षी दलों ने भी किया। सिविल सोसायटी के सदस्य इस बिल के प्रावधानों से बिलकुल भी संतुष्ट नहीं थे। उन्होंने इसे 'जोकपाल बिल' का शीर्षक दे डाला। सरकार और सिविल सोसायटी के बीच मतभेद कुछ इस प्रकार थे-

सिविल सोसायटी प्रधानमंत्री को लोकपाल के दायरे में लाना चाहती थी। परंतु सरकार ने प्रधान मंत्री को लोकपाल के दायरे से बाहर रखा, हालांकि पद से हटने के बाद उस पर जाँच बैठायी जा सकती थी। सरकार के बिल के इस बिंदु का विरोध विपक्षी दलों ने भी किया।

सिविल सोसायटी चाहती थी कि लोकपाल को सुप्रीम कोर्ट के जजों सहित उच्च स्तरीय न्याय पालिका पर जाँच करने का अधिकार हो परंतु सरकार ने उच्च स्तरीय न्यायपालिका को इससे अलग रखा।

सरकार ने लोकपाल के दायरे में, संसद के भीतर तथा संसदीय समितियों में सांसदों के कार्यों को, शामिल नहीं किया। सिविल सोसायटी सरकार के इस मत से सहमत नहीं थी।

सिविल सोसायटी की मांग थी कि समस्त नौकरशाही को लोकपाल के अधिकार क्षेत्र में लाया जाए, जबकि सरकारी बिल में केवल संयुक्त सचिव स्तर के और उससे ऊपर के अधिकारियों को लोकपाल के दायरे में लाया गया था।

सिविल सोसायटी का प्रस्ताव था कि सी.बी.आई. तथा सी.वी.सी. का विलय लोकपाल के साथ कर देना चाहिए किन्तु सरकार से इस प्रस्ताव को सिरे से नकार दिया था।

सिविल सोसायटी ने भ्रष्टाचार में लिप्त पाये गये लोगों के लिए कम से कम एक वर्ष के सश्रम कारावास तथा अधिकतम आजीवन कारावास की सज़ा का प्रस्ताव रखा था। परंतु सरकार ने अधिकतम सज़ा की सीमा दस वर्ष तक सीमित कर दी।

सिविल सोसायटी का सुझाव था कि राज्यों में लोकायुक्त नियुक्त हों, जिनके ऊपर लोकपाल हो, जिसे सरकार ने नकार दिया।

सिविल सोसायटी तथा सरकार के बीच चल रहे मतभेदों के कारण बिल के कई संस्करण आये। अंततः दिसंबर 2013 में जो बिल पारित हुआ वह इस प्रकार है-

लोकपाल एवं लोकायुक्त बिल, 2013

सरकार द्वारा पारित लोकपाल एवं लोकायुक्त बिल, 2013, लोकपाल बिल, 2011 का संशोधित संस्करण है। 2013 में शामिल संशोधन इस प्रकार हैं-

नये बिल के अनुसार राज्यों को 365 दिनों के भीतर लोकायुक्त नियुक्त करने होंगे। लोकायुक्त की प्रकृति तय करने का अधिकार होगा।

जबकि पुराने बिल में कहा गया था कि यह कानून राज्यों में उनकी सहमति पर लागू होगा। साथ ही पुराने संस्करण में लोकायुक्त नियुक्त

करने का अधिकार केन्द्र को था किन्तु नये संस्करण में यह अधिकार राज्य को दिया गया।

पुराने संस्करण में कहा गया था कि संस्था अध्यक्ष, चीफ जस्टिस ऑफ इंडिया सुप्रीम कोर्ट के वर्तमान या पूर्व जज को या फिर विशिष्ट योग्यता प्राप्त गैर न्यायिक सदस्य को बनाया जा सकता है।

नये संस्करण के अनुसार लोकपाल नौ सदस्यीय संस्था होगी जिसमें से 50% सदस्य न्यायपालिका से होंगे और 50% में अनुसूचित जाति, अनुसूचित जनजाति, अन्य पिछड़े वर्ग, अल्पसंख्यक तथा महिलाएँ होंगी।

नये बिल के अनुसार लोकपाल के चयन हेतु बनी समिति में प्रधानमंत्री, लोकसभा स्पीकर, लोकसभा में विपक्षी दल का प्रमुख तथा चीफ जस्टिस ऑफ इंडिया होंगे तथा समिति के पाँचवे सदस्य का चयन राष्ट्रपति द्वारा प्रथम चार सदस्यों के सुझाव के अनुसार होगा। जबकि पुराने बिल में पाँचवे सदस्य का चयन पूर्णतः राष्ट्रपति द्वारा किया जाना था।

पुराने बिल में जनता से अनुदान एकत्र करने वाली सोसाइटियों तथा ट्रस्टों को और विदेशों से अनुदान प्राप्त करने वाले संगठनों को लोकपाल के दायरे में लाया गया था। नये बिल में लोगो से धन इकट्ठा करने वाले, विदेशी स्रोतो से फण्ड प्राप्त करने वाले ट्रस्टों तथा सोसाइटियों, जिनकी आय एक विशेष स्तर से ऊपर है, को लोकपाल के दायरे में शामिल किया गया है, इसमें धार्मिक या चैरिटेबल कार्यक्रमों के लिए धन एकत्र करने वाले निकाय शामिल नहीं हैं।

नये संस्करण के अनुसार, जाँच रिपोर्ट पर विचार के आधार पर किसी केस में चार्जशीट दाखिल करने का निर्णय लेने से पूर्व, लोकपाल विशेष न्यायालय में कार्यवाही की पहल करने के लिए अपनी खुद की प्रासीक्यूशन विंग या संबंधी जाँच एजेंसी को अधिकृत कर सकता है। पुराने संस्करण के तहत केस का अभियोजन केवल लोकपाल की प्रोसीक्यूशन विंग द्वारा ही किया जा सकता था।

नये संस्करण में प्रधानमंत्री लोकपाल के दायरे में होगा और उसके खिलाफ़ शिकायत की सुनवाई की एक विशेष प्रक्रिया होगी।

प्रधानमंत्री के खिलाफ जाँच की कार्यवाही कैमरे के सामने होगी।

उपरोक्त सुधारों के साथ 'लोकपाल एवं लोकायुक्त बिल, 2013' पारित हुआ जिसका स्वरूप कुछ इस प्रकार है-

- अब लोकपाल के पास किसी भी सरकारी अधिकारी या किसी भी मंत्री (प्रधानमंत्री सहित) के विरुद्ध अभियोग चलाने का अधिकार होगा।
- बिल में प्रारंभिक पूछताछ और जाँच प्रक्रिया के लिए स्पष्ट समय सीमा विनिर्दिष्ट की गयी है। लोकपाल जाँच के आदेश सरकारी अधिकारी का पक्ष सुनने के बाद ही देगा।
- लोकपाल सदस्यों का कार्यकाल पाँच वर्षों का होगा। यह नौ सदस्यीय बेंच होगी।
- सभी राज्यों को 365 दिनों के भीतर लोकायुक्त नियुक्त करने होंगे। ये लोकपाल के 'लोकपाल बिल' को समस्त राज्यों को एक 'मॉडल बिल' के रूप में भेजेगा।
- सरकार द्वारा स्थापित पाँच सदस्यीय समिति राष्ट्रपति को लोकपाल अध्यक्ष तथा अन्य आठ सदस्यों के नामों का सुझाव देगी।
- लोकपाल के नौ सदस्यों में से 50% कोटा अनुसूचित जाति, अनुसूचित जनजाति, अन्य पिछड़ा वर्ग तथा महिलाओं के लिए होगा।
- इस संस्था में जितने स्टाफ की आवश्यकता होगी, इसके बारे में अंतिम निर्णय लेकर लोकपाल स्टाफ के लिए विज्ञापन देगा।
- अब किसी भी सरकारी अधिकारी के खिलाफ कोई भी शिकायत दर्ज़ करा सकता है।
- प्रधानमंत्री के खिलाफ जाँच तभी कराई जा सकती है जब नौ लोकपाल सदस्यों में से छः लोगों की सहमति हो, परंतु देश की सुरक्षा या अन्य संवेदनशील मामलों से जुड़ी शिकायत पर नहीं।
- लोकपाल ही निर्णय लेगा कि प्रारंभिक जाँच की आवश्यकता है या नहीं। यदि उसे लगता है कि प्रारंभिक जाँच की आवश्यकता है, तो इसे दो माह के भीतर पूरा करना होगा। तत्पश्चात विस्तृत जाँच

अगले 6 माह में पूरी करनी होगी।

- यदि किसी नागरिक का कोई कार्य सरकारी कार्यालय में विनिर्दिष्ट समय में नहीं किया जाता है, तब लोकपाल दोषी अधिकारी पर वित्तीय जुर्माना लगायेगा, जो उस नागरिक को मुआवज़े के रूप में दिया जाएगा।
- साथ ही यदि किसी लोकपाल सदस्य के खिलाफ शिकायत है तो उसे हटाने के लिए केवल सरकार या सौ सांसद सुप्रीम कोर्ट में शिकायत कर सकते हैं। सुप्रीम कोर्ट द्वारा जाँच के बाद राष्ट्रपति उसे पद से हटा सकता है।
- लोकपाल को अपने खर्चों के लिए केन्द्र सरकार से अनुदान लेना होगा। इसके लिए उसे अपना वार्षिक बजट बनाना होगा और समीक्षा हेतु सरकार को देना होगा।

अन्ना और उनकी टीम द्वारा एक सशक्त जन लोकपाल बिल की मांग का उद्देश्य था सम्पूर्ण सरकारी व्यवस्था में व्याप्त भ्रष्टाचार को मिटाना। इसके लिए पारित बिल के दायरे में कैबिनेट मंत्री, मुख्यमंत्री, संसद सदस्य तथा सरकारी कर्मचारी शामिल किए गये हैं। पारित बिल में जाँच प्रक्रिया को गति देने का प्रावधान है।

विदेशी मामलों, सुरक्षा, परमाणु ऊर्जा, अंतरिक्ष आदि से जुड़े संवेदनशील मुद्दो को छोड़कर लोकपाल बिल में प्रधानमंत्री को भी शामिल किया गया। प्रधानमंत्री पर भी लोकपाल के 6 सदस्यों की सहमति पर जाँच का आदेश दिया जा सकता है।

परन्तु ऐसे बहुत से मुद्दे थे, जिनकी मांग अरविंद केजरीवाल और उनके सहयोगियों ने आंदोलन के दौरान की थी, किंतु सरकार ने उन पर कोई ध्यान न देते हुए, एक बेहद कमज़ोर बिल पारित किया है।

अरविंद केजरीवाल ने जिन प्रमुख बिंदुओं पर अपना विरोध जताया वो थे, भ्रष्टाचार के खिलाफ आवाज़ उठाने वालों की रक्षा, सिटीजन चार्टर एवं लोकायुक्त का स्वरूप, सी. बी. आई. का लोकपाल में विलय न होना तथा न्यायपालिका का लोकपाल के दायरे में न आना।

15 जन लोकपाल तथा पारित लोकपाल बिल में अंतर

प्राय: देखा गया है कि भ्रष्टाचार या कुशासन के विरुद्ध आवाज उठाने वालों को हानि पहुँचाने वालों की कमी नहीं होती। उन्हें विभिन्न तरीकों से हानि पहुँचा कर उनकी आवाज़ को दबाने की कोशिश की जाती है। पिछले कुछ वर्षों में आर. टी. आई कार्यकर्ताओं पर हुए हमले इस तथ्य को प्रमाणित करते हैं।

- भ्रष्टाचार तथा कुशासन के शिकार आम नागरिक ही नहीं बल्कि सरकारी पदों पर नियुक्त ईमानदार अधिकारी भी हुए हैं। कहीं उन्हें निलंबित कर दिया जाता है, कहीं उनका ट्रांसफर शीघ्रता से कर दिया जाता है, कभी उन्हें कम महत्वपूर्ण पदों पर नियुक्त कर दिया जाता है। इस प्रकार की घटनाओं में पिछले कुछ वर्षों में काफ़ी बढ़त हुई है। इसी को देखते हुए जन लोकपाल बिल में "भ्रष्टाचार तथा कुशासन के विरुद्ध आवाज़ उठाने वालों (विसिल ब्लोअर) की सुरक्षा की मांग" की गयी। जन लोकपाल बिल के अनुसार, यदि कोई व्यक्ति भ्रष्टाचार के खिलाफ़ आवाज़ उठाता है और उसे किसी प्रकार के शारीरिक नुकसान पहुँचाये जाने या अवैध तरीके से ट्रांसफर, पदोन्नति न होने, उचित भत्ते न मिलने, विभागीय कार्यवाही से वंचित किए जाने या भेदभाव का भय हो या फिर इस अधिनियम के तहत लोकपाल से शिकायत करने के कारण या आर.टी.आई. अधिनियम के तहत आवेदन किए जाने के कारण किसी प्रकार का नुकसान पहुँचाये जाने का भय हो, तो उसे पूरी सुरक्षा प्रदान की जाए। लोकपाल को उस व्यक्ति की सुरक्षा हेतु

उचित कदम उठाने होंगे।

पारित बिल में भ्रष्टाचार तथा कुशासन के खिलाफ़ आवाज़ उठाने वालों की सुरक्षा का कोई प्रावधान नहीं है।

- जन लोकपाल द्वारा केन्द्र में लोकपाल की तर्ज़ पर ही राज्यों में लोकायुक्त बनाने की माँग की गई थी। परंतु पारित बिल के अनुसार प्रत्येक राज्य को इस बिल के तहत 365 दिनों के भीतर लोकायुक्त को स्थापित करना होगा परंतु इसकी प्रकृति और स्वरूप निर्धारित करने का पूरा अधिकार राज्य को ही होगा।
- जन लोकपाल में झूठी या व्यर्थ की शिकायत दर्ज़ कराने वालों पर जुर्माना लगाये जाने का प्रावधान तो है, किन्तु उन्हें कारावास की सज़ा का प्रावधान नहीं है। शिकायत झूठी/व्यर्थ है अथवा नहीं इसका निर्णय लोकपाल करेगा।

  पारित बिल में झूठी या व्यर्थ की शिकायत दर्ज कराने वाले को एक वर्ष तक के कारावास और एक लाख रुपये तक के जुर्माने का प्रावधान किया गया है। बिल के इस प्रावधान से कोई ईमानदार व्यक्ति भी शिकायत करने से घबरायेगा।
- जन लोकपाल में समस्त सरकारी अधिकारियों को लोकपाल के दायरे में लाने की माँग की गयी थी। उच्च पदों पर कार्यरत जैसे प्रधानमंत्री, मंत्रि परिषद के सदस्यों, सुप्रीम कोर्ट तथा हाईकोर्ट के विद्यमान जजों एवं संसद सदस्यों पर कार्यवाही के संबंध में लोकपाल की सात सदस्यीय बेंच की स्वीकृति की आवश्यकता होगी।

  पारित बिल में लोकपाल के न्यायाधिकार क्षेत्र में प्रधानमंत्री, मंत्री, संसद सदस्य, ग्रुप ए,बी,सी तथा डी के अधिकारी तथा केन्द्र सरकार के अधिकारी सम्मिलित किए गये हैं। प्रधानमंत्री के खिलाफ़ प्राथमिक जाँच के लिए लोकपाल को बेंच के दो-तिहाई सदस्यों की स्वीकृति लेनी होगी। न्याय पालिका को लोकपाल के अंतर्गत नहीं लाया गया है।

- जन लोकपाल में सी.बी.आई. की भ्रष्टाचार विरोधी शाखा का विलय लोकपाल में करने का प्रस्ताव है। इस तरह से इस पर केन्द्र का कोई नियंत्रण नहीं होगा। जबकि लोकपाल बिल के अनुसार सी. बी.आई. में पृथक अभियोजन निदेशालय (डायरेक्टोरेट ऑफ प्रॉसीक्यूशन) होगा जो सी.बी.आई. निदेशक के नीचे कार्य करेगा। सी.बी.आई. निदेशक की नियुक्ति प्रधानमंत्री, लोकसभा में विपक्षी दल के नेता और चीफ जस्टिस ऑफ इंडिया सहित एक समिति द्वारा की जाएगी।

  उक्त प्रावधान का विरोध अरविंद केजरीवाल ने किया, क्योंकि उनका मानना है कि सरकार बहुत से सी. बी. आई. मामलों पर अपना प्रभाव डालती है और इस तरह से मामले पर कार्यवाही न्यायपूर्ण ढंग से नहीं हो पाती।

- जन लोकपाल में सिटीजन चार्टर के क्रियान्वयन की मांग की गयी। जन लोकपाल में सिटीजन चार्टर के उल्लंघन, (यदि कोई व्यक्ति आम व्यक्ति का कार्य विनिर्दिष्ट समय में नहीं करता है) में लिप्त व्यक्ति पर जुर्माना लगाने तथा उसके इस कृत्य को भ्रष्टाचार की श्रेणी में रखे जाने का प्रस्ताव है।

  पहले तो सरकार इस मुद्‌दे पर सहमत थी किंतु बाद में अपनी बात से पलट गयी और इसे बिल में शामिल नहीं किया।

- जन लोकपाल में लोकपाल, चेयरमैन और सदस्यों की नियुक्ति राष्ट्रपति द्वारा एक सात सदस्यीय समिति के सुझाव पर किए जाने का प्रस्ताव रखा गया। इस सात सदस्यीय समिति में सुप्रीम कोर्ट के दो जज, हाई कोर्ट के दो जज, कन्ट्रोलर एण्ड ऑडिटर जनरल का एक प्रतिनिधि, सेंट्रल विजिलेंस कमिश्नर, प्रधानमंत्री तथा विपक्षी दल का नेता शामिल होंगे।

  लोकपाल बिल में लोकपाल चेयरमैन तथा सदस्यों की नियुक्ति राष्ट्रपति द्वारा एक चयन समिति के सुझाव पर करने का प्रस्ताव है। इस चयन समिति का अध्यक्ष प्रधानमंत्री होगा तथा अन्य सदस्यों में लोकसभा स्पीकर, लोकसभा में विपक्षी दल का नेता, चीफ जस्टिस

ऑफ इंडिया या सुप्रीम कोर्ट का एक जज तथा राष्ट्रपति द्वारा प्रथम चार सदस्यों के सुझाव पर मनोनीत एक सदस्य होगा।

सरकार द्वारा पारित बिल का विरोध अरविंद केजरीवाल और उनके सहयोगियों ने किया। पारित बिल में जन लोकपाल बिल के प्रारूप में शामिल मुद्दों में से बहुत से मुद्दों को शामिल नहीं किया। इसके बाद जो बिल पारित हो कर सामने आया उसमें बहुत सी कमियाँ पायी गयी। इसीलिए इसे बेहद 'कमज़ोर बिल' कहा गया।

16 विसिल ब्लोअर्स प्रोटेक्शन बिल, 2011

सरकार द्वारा पारित इस बिल में भ्रष्टाचार के खिलाफ़ आवाज़ उठाने वालों को किसी भी प्रकार से संरक्षण देने का कोई भी प्रावधान नहीं है।

जबकि पिछले कुछ वर्षों में ऐसे कई मामले सामने आए हैं, जहाँ भ्रष्टाचार से लड़ने वालो को नुकसान पहुँचाया गया है-

इंजीनियर सत्येन्द्र दुबे की हत्या इसीलिए की गयी थी, क्योंकि उन्होंने 'नेशनल हाइवे अथॉरिटी ऑफ इंडिया' के गोल्डन क्वाड्रीलेटरल प्रोजेक्ट में चल रहे भ्रष्टाचार के खिलाफ़ आवाज़ उठायी थी।

कर्नाटक में कोआपरेटिव डिपार्टमेंट में कार्यरत महंतेश ने भूमि आवंटन से जुड़े भ्रष्टाचार के खिलाफ़ आवाज़ उठायी तो उनकी हत्या कर दी गयी।

भ्रष्टाचार के खिलाफ़ आवाज़ उठाने वालों को एक अलग कानून द्वारा सुरक्षा प्रदान करने का प्रावधान किया गया जिसे 'विसिल ब्लोअर' प्रोटेक्शन बिल, 2011' कहा गया। यह बिल लोकसभा में पारित हो गया किन्तु राज्य सभा में अभी लंबित है। वर्तमान में 'विसिल ब्लोअर्स' की सुरक्षा के लिए कानून नहीं है। जिन पर पुनर्विचार की आवश्यकता है।

इस बिल का न्यायाधिकार क्षेत्र मात्र सरकारी सेक्टर तक ही है तथा इसमें वो ही शामिल है जो भारत सरकार और उसकी एजेंसियों में कार्यरत है। इसमें राज्य सरकार कर्मचारी शामिल नहीं है।

प्रस्तावित विसिल ब्लोअर्स प्रोटेक्शन बिल, 2011 में विसिल ब्लोअर को प्रोत्साहित करने तथा कार्पोरेट सेक्टर के विसिल ब्लोअर्स के बारे में कुछ भी नहीं कहा गया। इस बिल में शिकायतकर्ता पर हमला करने पर किसी पेनाल्टी का प्रावधान नहीं है। इस बिल में 'उत्पीड़न' को परिभाषित नहीं किया गया है।

सत्येंद्र दुबे की हत्या के मामले में सुनवाई में सुप्रीम कोर्ट ने सरकार को निर्देश दिया था कि जब तक कोई उचित कानून नहीं बन जाता, तब तक सरकार एक ऐसी मशीनरी बनाये, जो विसिल ब्लोअर्स की शिकायतों पर कार्यवाही करे। सुप्रीम कोर्ट के आदेश का पालन करते हुए सरकार ने विसिल ब्लोअर्स की शिकायतों को लिखित रूप में लेने के लिए सेंट्रल विजिलेंस कमीशन को अधिकृत कर दिया (2004)। परंतु सी.वी.सी. की शक्तियाँ भी सुझाव देने तक ही सीमित है। यह किसी प्रकार की पेनाल्टी नहीं लगा सकता है।

इस प्रकार सरकार के पास भ्रष्टाचार के खिलाफ़ आवाज़ उठाने वालों की सुरक्षा हेतु कोई भी सशक्त हथियार नहीं है।

सिटीजन चार्टर

सिटीजन चार्टर पहल है एक आम नागरिक द्वारा झेली जाने वाली उन समस्याओं के निवारण की दिशा में, जिनका सामना वह दिन-प्रतिदिन सार्वजनिक सेवाएँ प्रदान करने वाले संगठनों में अपना काम करवाने में करता है।

इस पहल की शुरुआत यूनाइटेड किंगडम में 1991 में जॉन मेजर की कन्जर्वेटिव सरकार द्वारा की गई। इसका उद्देश्य देश के आम नागरिकों के लिए सार्वजनिक सेवाओं की गुणवत्ता में सुधार लाना था।

जन लोकपाल बिल द्वारा सिटीजन चार्टर की माँग की गयी। जिसका प्रमुख उद्देश्य आम नागरिक को सार्वजनिक सेवाओं के संबंध में सशक्त बनाना है। सिटीज़न चार्टर द्वारा सरकारी सेवाएँ प्रदान करने वाले संगठनों में पारदर्शिता, जवाबदेही और जिम्मेदारी की स्थापना की जा सकेगी।

इस प्रकार एक आम नागरिक को पता होगा कि एक संगठन से वह किस प्रकार की सेवा की उम्मीद कर सकता है और यदि वह संगठन अपने मानको से नीचे गिरता है, तो उसे क्या करना होगा। सही मायनों में सिटीजन चार्टर का उद्देश्य आम नागरिकों और सार्वजनिक सेवा प्रदाताओं के बीच एक विश्वास कायम करना है।

सिटीजन चार्टर कोई कानून नहीं है, जिसे जबरदस्ती किसी पर थोपा जा सके। यह मात्र एक यंत्र है, जिसका उपयोग, आम नागरिक को सार्वजनिक सेवाएँ, उचित मानकों तथा गुणवत्ता के साथ, विनिर्दिष्ट समय के भीतर पहुँचाने हेतु किया जा सकता है।

जन लोकपाल बिल द्वारा सिटीजन चार्टर के क्रियान्वयन की माँग की गई। इसके अनुसार अधिनियम के प्रभाव में आने के एक वर्ष के भीतर सिटीजन चार्टर के क्रियान्वयन हेतु प्रत्येक सार्वजनिक अधिकरण को जिम्मेदार बनना होगा। प्रत्येक सार्वजनिक अधिकरण एक अधिकारी, जन समस्या निवारण अधिकारी (पब्लिक ग्रीवांस रीड्रेसेल ऑफिसर) नियुक्त करेगा। सिटीजन चार्टर के उल्लंघन की स्थिति में एक आम नागरिक इस अधिकारी के पास जा सकता है। इस अधिकारी का कर्तव्य होगा कि वह तीस दिनों के भीतर नागरिक की समस्या का निवारण करें।

यदि फिर भी समस्या का समाधान नहीं होता तब शिकायत लोकपाल को की जा सकेगी। लोकपाल द्वारा मुद्दे की सुनवाई करने के बाद समस्या निवारण में विलंब के लिए जन समस्या निवारण अधिकारी पर वित्तीय दण्ड लगाया जाएगा, जो उसके वेतन से काटा जाएगा। इसके अतिरिक्त विभागीय दण्ड हेतु लोकपाल कुछ मामलों को उचित अधिकृत अधिकारी को भी सौंप सकेगा।

जन लोकपाल में लोकपाल सदस्यों को जनता के प्रति जवाबदेह बनाने का प्रस्ताव है, साथ ही उसकी बर्खास्तगी हेतु आम नागरिक सुप्रीम कोर्ट का दरवाजा खटखटा सकता है।

सरकार ने जिस प्रकार का लोकपाल बिल पारित किया है, उसके अनुसार लोकपाल सदस्यों की नियुक्ति तथा बर्खास्तगी दोनों ही सरकार के हाथों में है। इस प्रकार लोकपाल सरकार के हाथों की कठपुतली मात्र बन गया है। लोकपाल बिल का संबंध केवल उन अपराधों से है, जो 'प्रिवेंशन ऑफ करप्शन' अधिनियम के अंतर्गत आते हैं।

लोकपाल बिल में न्यायपालिका को लोकपाल के दायरे में नहीं रखा गया है। न्यायालयों के जज भी लोक सेवक की ही श्रेणी में आते हैं। उन्हें भी लोकपाल के दायरे में रखना चाहिए, क्योंकि बहुत से मामले

पीढ़ी दर पीढ़ी बरसों खींचे जाते हैं, जो न्यायपालिका की अक्षमता को दर्शाते हैं। कही न कहीं अपना उत्तरदायित्व निभाने में न्यायपालिका भी असफल हुई है।

भ्रष्टाचार के खिलाफ लड़ने हेतु हमारे देश में जो भी व्यवस्थाएं हैं, उनमें बहुत सी कमियाँ हैं और शायद इसीलिए साक्ष्य होने के बावजूद, ईमानदारी से कार्यवाही नहीं की जाती। इसका एक मात्र कारण यही है, कि हर जाँच एजेंसी किसी न किसी प्रकार से सरकार के दबाव में रहती है। अध्ययनों से पता चलता है कि भ्रष्टाचार से जुड़े मामलों में अपीली स्थिति में ही बीस साल तक गुजर जाते हैं।

सरकार द्वारा जिस प्रकार का बिल पारित किया गया है, उसमें कहीं से भी सही मायनों में भ्रष्टाचार को मिटाने जैसा कोई प्रावधान नहीं है। इसे एक भ्रमजाल मात्र माना जा सकता है, जिसका प्रयोग सरकार ने 2014 के चुनावों को देखते हुए किया है। इस बिल में भ्रष्टाचार हो जाने के बाद सजा का प्रावधान तो है, अर्थात् शिकायत आने पर कार्यवाही होगी लेकिन ऐसा कोई प्रावधान नहीं है जो भ्रष्टाचार को फैलने से रोके। साथ ही लोकपाल की जवाबदेही या तो सरकार के प्रति होगी या फिर स्वयं के प्रति, जनता के प्रति उसकी कोई जवाबदेही नहीं होगी।

इससे स्पष्ट होता है कि आम नागरिक के हाथ में कोई शक्ति नहीं!

17 वर्तमान में स्वराज की सार्थकता

'स्वराज' का शाब्दिक अर्थ है 'अपना शासन'। इस शब्द का प्रयोग गाँधी जी ने विदेशी प्रभुत्व से भारत को स्वतंत्र कराने हेतु किया था। शासन के इस स्वरूप में शासन सरकार के हाथ में नहीं, परन्तु लोगों के हाथों में देने पर ज़ोर दिया गया। गाँधी जी ने इस सिद्धांत पर चलकर पूरे देश में ब्रिटिश राजनैतिक, आर्थिक, प्रशासनिक, वैधानिक तथा शैक्षिक संस्थानों का बहिष्कार करने हेतु आंदोलन की मशाल प्रज्ज्वलित की।

हमारे संविधान की उद्देशिका का प्रारम्भ 'हम भारत के लोग' के साथ होता है। संविधान की उद्देशिका में इसका समावेश इसलिए किया गया था क्योंकि अंग्रेजों की बेड़ियों से मुक्त होने के लिए चले लंबे संघर्ष में समस्त भारत के हर आम और खास व्यक्ति ने भाग लिया था।

स्वतंत्रता प्राप्ति हेतु देशवासियों के योगदान को देखते हुए देश को चलाने में उनके प्रतिनिधियों सहित जनता की भी सक्रिय भागीदारी होनी चाहिए।

26 नवंबर 1947 को देश के संविधान की उद्देशिका में भारत को संपूर्ण प्रभुत्व-संपन्न, समाजवादी, पंथ-निरपेक्ष, लोकतंत्रात्मक गणराज्य बनाने के लिए देश के समस्त नागरिकों के योगदान की बात कही गयी है। किन्तु वर्तमान भारत में लोकतंत्र के सिद्धान्तों का अनुसरण होता प्रतीत नहीं होता। देश चलाने का अधिकार मात्र उच्च पदों पर विराजमान लोगों के हाथों में ही है। देश का आम नागरिक जिन लोगों को अपना प्रतिनिधि बनाकर भेजता है, वे भी उसकी समस्याओं या आवश्यकताओं

को समझ कर भी समझना नहीं चाहते और सत्ता में आते ही अपना ही स्वार्थ सिद्ध करने में लग जाते हैं।

लोकतंत्र का अर्थ है "लोगों द्वारा, लोगों के लिए, लोगों की ही सरकार"। वर्तमान परिदृश्य में जब शासक वर्ग लगभग पूरी तरह से निरंकुश हो चुका है, ऐसे में आवश्यक है कि देश का शासित वर्ग एकजुट हो और लोगों द्वारा, लोगों के लिए, लोगों की सरकार सही मायनों में बना सके।

इस परिदृश्य में अरविंद केजरीवाल ने अपने लिए जो भूमिका चुनी, वह निश्चित रूप से प्रासंगिक है। इस समय आवश्कता है ऐसे नेतृत्व कर्ता की, जो ईमानदार, दृढ़निश्चयी तथा आक्रामक होने के साथ-साथ युवा और ऊर्जावान हो, क्योंकि आम लोगों को उनका अधिकार दिलवाने के लिए सतत्‌ प्रयास की जरूरत है।

"मेरे सपनों का 'स्वराज' देश के निर्धन वर्ग का स्वराज है। उन्हें भी जीवन की उन सभी आवश्यकताओं को प्राप्त करने का अधिकार है, जिन्हें धनिक वर्ग सहजता से प्राप्त कर लेता है। परंतु इसका आशय कदापि यह नहीं है कि उनके पास भी धनिकों जैसे बड़े-बड़े घर हों। खुशहाल जीवन के लिए यह आवश्यक नहीं है। आपको जीवन की समस्त सामान्य जरूरतें मिलनी चाहिए जिनका लाभ धनिक वर्ग उठाता है। स्वराज तब तक पूर्ण स्वराज नही है जब तक आपको ये सब निश्चित रूप से मिल नहीं जाता।"

गाँधी जी

गाँधी जी के उक्त विचार का अनुसरण करते हुए अरविंद केजरीवाल का विशेष ज़ोर इस बात पर है कि देश में स्वराज की स्थापना हेतु ग्रामीण क्षेत्रों की भागीदारी हो, साथ ही गाँवों के भी मात्र प्रभावशाली लोग ही इसमें भागीदार न हों बल्कि ग्रामीण निर्धन इसमें शामिल हों। इसके लिए केजरीवाल ग्राम सभा आयोजन को आवश्यक मानते हैं। उनका कहना है कि ग्राम सभा में तय किया जायें कि गाँव के विकास हेतु प्राप्त सरकारी फंड को सही तरीके से कैसे खर्च किया जाए जिससे

सही मायनों में गाँववासियों की समस्याओं का निवारण हो सके।

इस समय स्थिति यह है कि गाँवों के विकास के नाम पर जो पैसा खर्च किया जाता है, वह गाँव वालों तक पहुँच ही नहीं पाता। कभी सरकार आवास योजनाओं के तहत गाँव में पैसा भेजती है, कभी विधवा पेंशन के लिए, कभी किसी अन्य योजना के नाम पर। परंतु वास्तव में इनसे गाँवों की समस्याएँ दूर नही हो सकतीं। गाँवों में अस्पताल है तो डाक्टर नहीं है, स्कूल है तो शिक्षक नहीं। प्राय: देखा गया है गाँवों में सरकार डाक्टर, शिक्षक आदि की नियुक्ति करती तो है, परंतु ये लोग शायद ही कभी-कभार वहाँ अपनी शक्ल दिखाने जाते हैं।

इस तरह की समस्याओं के समाधान हेतु ही अरविंद ग्राम सभाओं को सशक्त बनाने का पुरज़ोर समर्थन करते हैं। उनके अनुसार ग्राम सभाओं को इतना सशक्त होना चाहिए कि यदि अध्यापक समय से न आये या अकारण आये ही नहीं, डॉक्टर अस्पताल में आये ही नहीं, या आये तो ठीक से इलाज़ न करे, तो ग्राम सभाओं को उनकी तनख्वाह रोकने का अधिकार हो। गाँवों में गरीबी उन्मूलन हेतु बनायी गयी बी.पी.एल. योजनाओं का सख्त विरोध करते हुए अरविंद केजरीवाल इसे वोट बटोरने का एक हथियार बताते हैं।

अपनी कृति 'स्वराज' में इसी का जिक्र करते हुए लिखा है-

"आप किसी गाँव में घुस जाइये। वहाँ पर लोग आपको घेर लेंगे और सबसे पहली माँग उनकी होगी कि साहब मेरा नाम बी.पी.एल. सूची में नहीं आया। मेरा नाम बी.पी.एल. में डलवा दीजिए।

ऐसा देश जिसका हर आदमी भिखारी बनना चाहता हो, कैसे प्रगति कर सकता है?........ कोई अपने पैरों पर खड़ा नहीं होना चाहता है।

ये सारी की सारी योजनाएँ लोगों की मानसिकता बर्बाद कर रही हैं।"

अरविंद केजरीवाल के स्वराज का अर्थ लोगों को उचित सुविधाएँ देकर उन्हें सही मायनों में स्वावलंबी और सशक्त बनाना है, न कि उन्हें 'प्रसन्न करने वाली सुविधाएँ देकर' अपंग बना देना है।

गाँवों का सही विकास तभी होगा जब उन्हें शिक्षा, रोज़गार, चिकित्सा जैसी मूलभूत सुविधाएँ उचित रूप में प्रदान की जाएँ न कि भिक्षा।

संविधान की उद्देशिका में उद्धृत "हम भारत के लोग" जिन्हें अपना प्रतिनिधि समझते हैं, वे "हम, भारत के लोग" को "मैं" बनाकर देश के लोगों की सेवा करने के बजाय अपनी ही सेवा में लग जाते हैं।

केजरीवाल लिखते हैं, सभी सरकारी अधिकारी, नौकरशाह, राजनैतिक नेता वास्तव में आपके सेवक हैं। आपके द्वारा दिए हुए कर से इनको वेतन दिया जाता है .... ये वो ही लोग हैं जो अपना उद्देश्य सिद्ध हो जाने के बाद आपको हेय और भेदभाव की दृष्टि से देखते हैं।

यही समय है जब 'स्वराज' के सिद्धान्त पर चलते हुए 'स्व' का प्रयोग देश के आम नागरिक के लिए हो, न कि उनके प्रतिनिधियों के लिए।

गाँधी जी ने कहा था, "स्वराज तभी बनाए रखा जा सकता है, जब ऐसे वफादार और देशभक्त लोगों का बहुमत हो जिनके लिए देश की भलाई, उनके व्यक्तिगत लाभों सहित समस्त अन्य वस्तुओं से सर्वोपरि हो।"

अरविंद केजरीवाल ऐसे ही व्यक्ति है, जिन्होंने एक लाभ के पद को छोड़ा और उन बस्तियों में जाकर अपनी बुद्धिमता, ऊर्जा और सामर्थ्य का सदुपयोग किया, जिनमें जाने से शायद कोई भी अन्य व्यक्ति हिचकिचाएगा। केजरीवाल ने उचित अर्थों में स्वराज की स्थापना हेतु जो पहल की है, वह प्रशंसनीय है।

केजरीवाल के स्वराज का अर्थ 'आम नागरिकों के प्रतिनिधियों की जवाबदेही आम नागरिकों के प्रति सुनिश्चित करना' है। तभी गांधी जी के सपनों का भारत स्थापित हो पायेगा।

18 राजनीति की ओर

पैंतालीस वर्षीय अरविंद केजरीवाल लोगों की नजरों में अन्ना हजारे के नेतृत्व में चले 2011 के आंदोलन के दौरान आये। किसी ने नहीं सोचा था कि साधारण सी कद-काठी का यह व्यक्ति एक दिन अपने पीछे लाखों की भीड़ जमा कर लेगा। केजरीवाल एक समय में टीम अन्ना के सिपहसालारों में से एक थे। उन्होंने अपने जोशीले भाषणों से लोगों में एक अनोखा जोश भर दिया। देश की आम जनता के इस आंदोलन के बावजूद जब सरकार ने जन लोकपाल बिल को मानने से अस्वीकार कर दिया, तब अन्ना और उनकी टीम ने स्वयं को ठगा हुआ सा महसूस किया। कांग्रेस और अन्य राजनैतिक दलों के नेताओं ने वक्तव्य दिया कि यदि व्यवस्था से लड़ना है, भ्रष्टाचार मिटाना है तो सक्रिय राजनीति में प्रवेश करके चुनाव लड़ो, जीतो और अपना जन लोक पाल बिल पास कराओ।

अन्ना इस लड़ाई को गैर राजनैतिक बनाये रखना चाहते थे, वही केजरीवाल ने महसूस किया कि इस तरह के आंदोलन की असफलता के बाद ज़रूरी हो गया है कि सक्रिय राजनीति में प्रवेश किया जाय तभी व्यवस्था में व्याप्त अव्यवस्था को दुरुस्त किया जा सकेगा। इसी के साथ ऊर्जावान, कभी न थकने वाले इस व्यक्ति ने राजनीति में उतरने का फैसला किया।

राजनीति अरविंद के लिए एक नयी चीज़ थी। विभिन्न राजनैतिक दलों ने अरविंद के इस निर्णय का मज़ाक भी उड़ाया। परंतु कहते हैं

जब आपका उद्‌देश्य सही हो और आप में अपने लक्ष्य को प्राप्त करने की संभावनाए विद्‌यमान हों, तो एक-एक करके बहुत से लोग आपके साथ जुड़ते जाते हैं। केजरीवाल के साथ भी कुछ ऐसा ही हुआ। उनके परोपकारी उद्‌देश्य को देखते हुए उनके साथ बहुत से लोग जुड़े। आज विभिन्न क्षेत्रों के सफल व्यक्तित्व उनके साथ हैं। इनमें से कुछ तो अन्ना के आंदोलन के समय से और कुछ उससे भी पहले से उनके साथ काम करते आ रहे हैं। अरविंद के साथ आज जो इतनी सक्षम और उत्साही टीम है, उसका श्रेय अरविंद को ही जाता है। असाधारण हिम्मत और दृढ़निश्चय के धनी इस साधारण व्यक्ति ने दिखा दिया कि आप में साहस और ताकत दोनों आपके भीतर होते हैं, बस उन्हें सामने लाना होता है और जब आप इन दोनों को साथ लेकर अपने लक्ष्य की ओर बढ़ते हैं तो बहुत से लोगों का उत्साह और साहस भी आपके साथ जुड़ जाता है। खेल के मैदान में लोग पूरी ताकत और उत्साह के साथ दौड़ने वालों के लिए ही ताली बजाते हैं, थक कर बैठ जाने वालों के लिए नहीं।

अरविंद के लिए कुछ ने तालियाँ बजायीं तो कुछ तो साथ ही दौड़ पड़े, एक लंबी मैराथन के लिए। इस लम्बी मैराथन में उनके साथ कदम से कदम मिला कर दौड़ने वालों में प्रशांत भूषण, मनीष सिसोदिया, योगेन्द्र यादव, कुमार विश्वास, शाज़िया इल्मी, और राखी बिड़ला शामिल हैं।

चल पड़े जिधर दो डग मग में, चल पड़े कोटि पग उसी ओर।
पड़ गई जिधर भी एक दृष्टि, गड़ गये कोटि दृग उसी ओर॥

प्रशांत भूषण

'इंडिया अगेन्स्ट करप्शन' ने जब जन लोकपाल की माँग को लेकर आवाज़ उठायी, तब इस आंदोलन के प्रथम पंक्ति के समर्थकों में एक नाम था प्रशांत भूषण का। पेशे से वकील प्रशांत भूषण जाने माने वकील शांति भूषण जी के सुपुत्र हैं। सुप्रीम कोर्ट में वकालत करते हुए प्रशांत ने कई बार निर्धनों तथा समाज के दबे-कुचले वर्ग के लिए आवाज़ उठायी।

जब केजरीवाल ने भ्रष्टाचार से लड़ने के लिए सक्रिय राजनीति में उतरने का निर्णय लिया, तब उन्होंने उनका साथ देने का निश्चय लिया क्योंकि केजरीवाल की भांति ही उन्हें भी यही लगा कि जिस लक्ष्य के लिए आंदोलन किया गया उसे सक्रिय राजनीति में उतर कर ही प्राप्त किया जा सकता है।

प्रशांत भूषण को यदि घोटालों का खुलासा करने वाला विशेषज्ञ कहा जाए तो गलत नहीं होगा। केजरीवाल अगर भ्रष्टाचार उन्मूलन अभियान के ब्राण्ड एम्बेसडर हैं, तो प्रशांत सरकार की नाक तले फल-फूल रहे भ्रष्टाचार की तहें खोलने वाले विशेषज्ञ हैं।

हाल ही में उन्होंने अपने हुनर को दिखाते हुए कांग्रेस अध्यक्षा सोनिया गाँधी के दामाद राबर्ट वाड्रा द्वारा गलत ढंग से ली गई ज़मीनों का खुलासा किया। यहाँ यह बताना आवश्यक है कि 2 जी घोटाले के खुलासे में भी प्रशांत की विशेष भूमिका रही।

2003 में प्रशांत ने उत्तर प्रदेश के मुख्य सचिव के कार्यकाल की अवधि बढ़ाने के विरोध में याचिका दायर की थी, जिसमें उन्होंने स्पष्ट शब्दों में कहा था कि जिस व्यक्ति का कार्यकाल बढ़ाया जा रहा है, 1997 में उसे उ. प्र. आई.ए.एस. ऑफिसर्स एसोसिएशन ने 'सबसे अधिक भ्रष्ट' अधिकारी बताया था।

सरदार सरोवर परियोजना का विरोध करने के लिए 'नर्मदा बचाओ आंदोलन' में भी प्रशांत भूषण का सक्रिय सहयोग रहा।

प्रशांत ने उच्च पदाधिकारियों तथा सत्ता में शामिल दिग्गजों के द्वारा मुक्त रूप से सींचे जा रहे भ्रष्टाचार पर से पर्दा उठाया निःसंदेह उसने अरविंद केजरीवाल के समर्थकों की संख्या बढ़ाने में बड़ा योगदान दिया है।

मनीष सिसोदिया

मनीष सिसोदिया, अरविंद केजरीवाल के सबसे पुराने और निकटतम सहयोगी हैं। पेशे से पत्रकार रहे मनीष, सूचना का अधिकार से जुड़े

अभियान के साथ जुड़ने से पूर्व जी न्यूज़ और ऑल इंडिया न्यूज़ में कार्यरत रह चुके हैं।

मनीष, अरविंद के साथ 'परिवर्तन' के दिनों से हैं। आगे चलकर अरविंद, मनीष और अभिनंदन शेखरी ने मिलकर पब्लिक कॉज रिसर्च फाउंडेशन की स्थापना की।

2011 में जब अन्ना का आंदोलन चला तब मनीष इस आंदोलन से जुड़ गये। जब अरविंद ने सक्रिय राजनीति की राह चुनी, तो मनीष यहाँ भी उनके साथ चल पड़े।

टी.वी.न्यूज़ चैनल के साथ काफी समय तक जुड़े रहने के कारण मनीष, मीडिया और केजरीवाल के बीच की कड़ी बन गये। मृदुभाषी मनीष ने अरविंद केजरीवाल और उनकी राजनैतिक शुरुआत के लिए मीडिया के उपयोग हेतु व्यापक रणनीतियाँ बनायीं। आज मनीष, केजरीवाल के दाएँ हाथ होने के साथ-साथ उनकी टीम के एक निपुण मीडिया प्रबंधक भी हैं। सामाजिक कार्यकर्ता, पत्रकार और अब एक राजनीतिज्ञ की भूमिका में मनीष सिसोदिया जिस तरह से केजरीवाल के साथ एक सच्चे सहयोगी की भाँति जुड़े रहे हैं, प्रशंसनीय है।

योगेन्द्र यादव

टीम केजरीवाल के चुनाव विश्लेषक और विचारक योगेन्द्र यादव 'सेंटर फॉर द स्टडी ऑफ डेवलपिंग सोसायटीज़' में सीनियर फेलो हैं। 'आप' के साथ जुड़ने से पूर्व वो यूनिवर्सिटी ग्रांट कमीशन तथा शिक्षा का अधिकार अधिनियम पर यू.पी.ए. सरकार द्वारा बनायी राष्ट्रीय सलाहकार परिषद के सदस्य रहे।

काफी समय तक उन्होंने दूरदर्शन, एन.डी.टी.वी. तथा सी.एन.एन. आई.बी.एन सहित अनेकों भारतीय चैनलों पर चुनाव विश्लेषक तथा राजनैतिक कमेंटेटर की भूमिका निभाई।

योगेन्द्र यादव, केजरीवाल के संपर्क में 2011 में अन्ना के नेतृत्व में चले भ्रष्टाचार विरोधी अभियान के दौरान आये।

वैचारिक मतभेद के कारण टीम अन्ना दो धड़ों में बँट गयी एक राजनैतिक और एक गैर राजनैतिक। राजनैतिक धड़ के नेतृत्वकर्ता थे केजरीवाल। सक्रिय राजनीति में उतरने के लिए केजरीवाल की टीम को आवश्यकता थी एक वैचारिक स्थिरता की और वो स्थिरता प्रदान की योगेन्द्र यादव ने, जिसके चलते ही एक छोटा धड़ा, एक राजनीतिक दल में परिवर्तित हो पाया।

योगेन्द्र यादव के वैचारिक मार्गदर्शन पर चलते हुए ही पार्टी ने अपने घोषणा पत्र में गाँधी विचारधारा और लोहिया के समाजवाद का समावेश किया।

प्रजातांत्रिक तथा राजनैतिक सिद्धांतों, आधुनिक भारतीय राजनीति और भारतीय समाजवाद के ज्ञाता योगेन्द्र यादव के वैचारिक योगदान के कारण ही 'आप' एक मज़बूत राजनैतिक दल के रूप में उभरी।

गोपाल राय

टीम केजरीवाल के भीतर राजनैतिक सक्रियता हेतु उत्साह और ऊर्जा भर देने का अधिकतम श्रेय किसी को जाता है, तो वो है गोपाल राय। कौन भूल सकता है आंदोलन के दौरान मंच पर से गोपाल राय द्वारा दिये जोशीले और आक्रामक भाषणों को।

गोपाल अपनी भाषण शैली से न केवल टीम को बल्कि श्रोताओं को भी आंदोलित कर देते हैं।

कुशल वक्ता गोपाल राय राजनीति के क्षेत्र में लगभग दो दशकों से भी ज्यादा समय से सक्रिय हैं। इलाहाबाद यूनिवर्सिटी में अखिल भारतीय विद्‌यार्थी संघ के सक्रिय कार्यकर्ता रहने के बाद आगे चलकर उन्होंने 'नर्मदा बचाओ आंदोलन' में भाग लिया।

गोपाल न केवल एक प्रभावशाली वक्ता हैं बल्कि एक कुशल संगठन कर्ता भी।

टीम केजरीवाल को सक्रिय राजनीति में जाने हेतु एक पार्टी के रूप में संगठित करने और उसमें जोश भरने का कार्य गोपाल राय ने भली भाँति किया है।

शाज़िया इल्मी

कानपुर में जन्मी शाज़िया इल्मी ने अपने कैरियर की शुरुआत एक पत्रकार, संवाददाता और एंकर के रूप में की। जी न्यूज़, स्टार न्यूज़, टाइम्स आदि के साथ काम करते हुए विशिष्ट कार्यक्रमों के द्वारा लोगों के समक्ष उन्होंने समाज के कड़वे सच को पेश किया जैसे लिंग भेद, कन्या भ्रूणहत्या, आदि। 2011 और 2012 में अन्ना के नेतृत्व में चले 'इंडिया अगेन्स्ट करप्शन' अभियान में उन्होंने सक्रिय रूप से भाग लिया। बाद में वो इस अभियान की प्रवक्ता बन गयीं।

जन लोकपाल बिल के समर्थन में उन्होंने मीडिया अभियान चलाया, जिसके जरिए पूरे देश से लाखों लोगों की सहमति प्राप्त हुई।

राखी बिड़ला

राखी बिड़ला एक ऐसे परिवार में जन्मी हैं, जिसकी पीढ़ियों ने अपना जीवन देश सेवा और समाज सेवा के नाम कर दिया। दिल्ली में मास कम्युनिकेशन्स की पढ़ाई करने के बाद दो एक टी.वी.चैनल में बतौर रिपोर्टर काम करने लगीं। इसी दौरान जन लोकपाल बिल आंदोलन के चलते वो अरविंद केजरीवाल के सम्पर्क में आयी और जब आम आदमी पार्टी का गठन हुआ तो राखी उसमें शामिल हो गईं।

19 'आप' का आम दरबार

अरविंद केजरीवाल आम लोगों से अपना जुड़ाव बनाए रखना चाहते हैं। यही वजह है कि इसके लिए उन्होंने एक योजना बनाई है। सीएम की कुर्सी पर काबिज होने के बाद केजरीवाल दिल्ली के लोगों की समस्याएँ सुनने के लिए उन्होंने जनता दरबार लगाना आरंभ किया है। इसमें कोई भी आकर अपनी शिकायत या सुझाव दर्ज करा सकता है। ज्यादातर मामलों को तुरंत निपटाने की कोशिश की जा रही है। इसके लिए तमाम विभागों के अधिकारियों को भी इस दरबार में उपस्थित रहने के लिए कहा गया है। जनता से सीधे संवाद स्थापित करने में केजरीवाल का यह अभियान काफी सराहा जा रहा है। इस संदर्भ में एक बात उल्लेखनीय है कि जनता को इस बात का ध्यान रखना चाहिए कि केवल उन्हीं शिकायतों को लेकर इस दरबार में जाएँ जिनका कोई ठोस आधार हो। अभी हाल में कुछ ऐसी स्थितियाँ दरबार को लेकर उत्पन्न हुई जिनके कारण एक अच्छी पहल में बाधा आई। आशय यह है कि जब तक आप 'आप' का सहयोग नहीं करेंगे तो अकेले केजरीवाल को दिक्कतें तो आएँगी ही।

इस योजना को लागू करने से पहले इसका प्रचार भी किया गया है, ताकि तमाम लोग यहाँ आकर अपनी शिकायतें दर्ज करा सकें या फिर किसी मसले पर सरकार के सामने अपने सुझाव रख सकें। रूपरेखा के अनुसार यह कार्य आरंभ हो चुका है।

जनता दरबार के संदर्भ में केजरीवाल की गंभीरता का अंदाजा इसी बात से लगाया जा सकता है कि 8 जनवरी को कौशांबी स्थित पार्टी

दफ्तर के बाहर भी उन्होंने जनता दरबार लगाया और लोगों की समस्याएँ सुनीं। दिल्ली के अलावा यूपी और हरियाणा के भी तकरीबन 100-150 लोग यहाँ मौजूद थे। मटियाला और पालम से आए लोगों ने बताया कि उनके क्षेत्र में पीने के पानी की गंभीर समस्या है, वहीं जनकपुरी से आए लोगों ने बिजली कंपनियों पर लगाम कसने की माँग रखी।

सुरक्षा ताम झाम पसंद नहीं है केजरीवाल को

अरविंद केजरीवाल पुलिस सिक्योरिटी न लेने पर अड़े हुए हैं। कौशांबी में उनके अपार्टमेंट की सिक्योरिटी के लिए यूपी पुलिस ने 5 हथियारबंद जवान भेजे थे, लेकिन 15 घंटे वहाँ रहने के बावजूद केजरीवाल ने इन्हें वापस लौटा दिया। इधर, दिल्ली पुलिस ने कहा है कि अगर केजरीवाल मना भी करते हैं, तब भी पुलिस अपनी तरफ से उन्हें पूरी सुरक्षा मुहैया कराएगी। 'अर्थात मान न मान लेकिन हम देंगे सम्मान' हाँ, अगर सीएम ऑफिस लिखित में यह कहता है कि सीएम को सिक्योरिटी नहीं चाहिए, तब पुलिस विचार करेगी और गृह मंत्रालय से राय लेने के बाद ही इस संदर्भ में अगला कदम उठाएगी। सिक्योरिटी के लिए मना करके अरविंद केजरीवाल ने यह साबित कर दिया है कि वे वी.आई.पी. संस्कृति के खिलाफ हैं। एक स्थान पर भावुक होकर ईश्वर पर आस्था व्यक्त करते हुए एक इंटरव्यू में वे कहते हैं कि "जब तक ईश्वर ने मेरी जिंदगी लिखी है मेरा कोई कुछ नहीं बिगाड़ सकता और जिस दिन आ जाएगी दुनिया की कोई ताकत मुझे बचा नहीं सकती।"

केजरीवाल की अनोखी शपथ

आम आदमी की अपनी छवि कायम रखते हुए सादे कपड़ों में, मेट्रो में सफर करके पहुँचे अरविंद केजरीवाल ने मुख्यमंत्री पद की शपथ लेने के साथ ही भ्रष्टाचार के खिलाफ खुली जंग की घोषणा कर दी। भाषण के दौरान उन्होंने जन सैलाब के बीच रामलीला मैदान में मौजूद लोगों को भी रिश्वत न लेने और न ही देने की शपथ दिला दी। मुख्यमंत्री ने दो दिन के अंदर एक फोन नंबर जारी करने का वादा करते हुए कहा

कि कोई भी अफसर रिश्वत माँगता है तो हमें फोन करें। हम उसे पकड़वाएँगे। यह हेल्पलाइन नं. अब जारी कर दिया गया है।

समारोह खत्म होने के तुरंत बाद केजरीवाल अपनी वैगन-आर कार से सचिवालय पहुँच गए। मुख्यमंत्री और मंत्रियों के कामकाज संभालने के बाद कैबिनेट की बैठक हुई। पहले फैसले में सरकार ने तय किया कि कोई मंत्री और अधिकारी लाल बत्ती नहीं लगाएगा। किसी अफसर को प्राइवेट सिक्योरिटी नहीं दी जाएगी। उन्होंने इसकी शुरुआत अपने से करते हुए पुलिस की ओर से दिए गए सिक्योरिटी अफसर, एस्कॉर्ट और पायलट गाड़ियों को वापस भेज दिया।

शपथ के बाद अधिकारियों में दहशत

भ्रष्टाचार के खिलाफ झंडा बुलंद करने वाले अरविंद केजरीवाल के सीएम बनने से पहले ही उनका 'खौफ' सरकारी विभागों में नजर आने लगा। चाँदनी चौक में प्रैक्टिस करने वाले आयकर के वकील संजय जैन ने इस बारे में वैट (Value Added Tax) से जुड़ा अपना अनुभव सुनाया। संजय बताते हैं कि पिछले 25 साल की प्रैक्टिस के दौरान उनके मुअक्किल को हर छोटे-बड़े काम के लिए वहाँ रिश्वत देनी पड़ती थी। लेकिन केजरीवाल के शपथ लेने से एक दिन पहले यानी शुक्रवार को वह क्लाइंट के साथ आईटीओ स्थित वैट डिपार्टमेंट गए, तो माहौल अलग था। इस बार मुअक्किल से बिना रिश्वत लिए उनका काम कर दिया और किसी ने भी काम करने में कोई कोताही नहीं की।

20 अरविंद उवाच

हिम्मत, भरोसा और वॉर्निंग

केजरीवाल ने भाषण में कहा कि अन्ना कहते थे कि राजनीति कीचड़ है, इसमें घुसकर खुद को गंदा नहीं करना चाहिए। मैं कहता था, कीचड़ में घुसकर ही उसे साफ करना होगा।

विश्वास मत

हमें विश्वास मत गिरने या पारित होने की परवाह नहीं है। हम सत्ता हथियाने नहीं आए हैं। अगर प्रस्ताव गिरता है तो हम फिर चुनाव के मैदान में उतरेंगे।

विधायकों, वर्करों से

आप, पार्टी दूसरों का घमंड तोड़ने के लिए बनी है। कहीं ऐसा न हो कि हमारा घमंड तोड़ने के लिए किसी अन्य दल को पैदा होना पड़े।

दिल्ली की समस्याएँ

हमारे पास कोई जादू की छड़ी नहीं है कि आज सरकार बनी और आज ही सब समस्याएँ हल हो जाएँगी।

ब्यूरोक्रेसी

कुछ लोग कहते हैं कि अफसरशाही हमें सफल नहीं होने देगी। पर ऐसा नहीं है। सब अधिकारी भ्रष्ट नहीं हैं।

1. **नहीं देनी पड़ेगी डोनेशनः** शिक्षा मंत्री मनीष सिसोदिया ने कहा कि प्राइवेट स्कूलों में एडमिशन के लिए डोनेशन खत्म की जाएगी। ऐसा उन्होंने मंत्रीपद का कार्यभार संभालते ही कर भी दिया है। सभी स्कूलों में फीस एक जैसी करने की कोशिश करेंगे।
2. **बिजली-पानी के लिए 2-3 दिनः** मुख्यमंत्री अरविंद केजरीवाल ने कहा, सोमवार तक पानी और बुधवार तक बिजली के रेट पर बड़ा फैसला हो सकता है। पुस्तक लिखे जाने तक उन्होंने इस संदर्भ में अपने वायदे को पूरा भी कर दिया।

जनक्रान्ति, नायक और सपने

पहले जनक्रान्ति आई फिर जननायक। लोग अभिभूत हैं आम आदमी पार्टी से और उनकी सरकार के गठन के ढंग से। क्या वृद्ध क्या युवा सभी मान रहे हैं कि उन्हें आदर्श विकास पुरुष मिल गया है। अपने जैसा शर्ट और पैंट वाला। वह जो कड़क खादी के कुर्ते-पजामे वाले नेताओं में दिखना बंद हो गया था। एक ऐसा आदर्श नेता जो लाल बत्ती और विशिष्ट सुरक्षा जैसे दिखावे और तामझाम में विश्वास नहीं रखता। और जो अब सारे देश की राजनीति में बदलाव का प्रतीक बन चुका है।

रिटायर्ड एडमिरल सी. रामदास ने अरविन्द केजरीवाल को पत्र लिखकर अपना अनुभव बताया - वह आज 15 अगस्त 1947 जैसे रोमांच को महसूस कर रहे हैं, जब देश आजाद हुआ था। क्या यह भी एक प्रकार की आजादी मिलने या उसकी आशा जगने जैसी बात है? कम से कम लोगों की प्रतिक्रियाओं को देखकर तो यही लग रहा है। बात अब सिर्फ दिल्ली सरकार तक सीमित नहीं। अब देश के उन तमाम राजनीतिक दलों के लिए एक चुनौती है जो परम्परागत तरीके की राजनीति कर रहे हैं। धोखा-धड़ी अब नहीं चलेगी। चाहे वह राष्ट्रवाद के नाम पर हो या साम्प्रदायिकता के विरोध के नाम पर। जातियों की अलम्बरदारी करके हो या फिर सर्वहारा (श्रमिक)-बुर्जुआ (पूँजी पति) का फर्क दिखाकर। अब तो जो आप बोलते हैं, वह करके दिखाना होगा। अब देखने वाली बात यह भी होगी कि दिल्ली से बाहर बाकी देश की

जनता की क्या प्रतिक्रिया होती है। विधायक-सांसद बनते ही लाखों-करोड़ों रुपये की गाड़ियों से चलने वाले, महँगे ब्रांडेड सूट और सफारी पहनने वाले और जान का खतरा बताकर चारों तरफ सुरक्षा घेरा लेकर चलने वाले नेताओं के साथ जनता का संवाद अब कैसा होगा। क्या अब देश की जनता अपने नेताओं की सम्पन्नता और ऐश्वर्य से प्रभावित होगी या फिर उनसे सवाल पूछेगी कि हुजूर यह माल आप लाए कहाँ से? बहरहाल एक अच्छी शुरुआत हुई है और अब सबसे बड़ी चुनौती आम आदमी पार्टी के लिए है जिसके साथ अब सिर्फ दिल्ली नहीं बल्कि सारे देश के सपने जुड़े हैं। अगर आपके लोग गलती करेंगे तो दिल दिल्ली में ही नहीं, सारे देश में टूटेंगे।

आम आदमी पार्टी की सरकार बनने के बाद जो खौफ की स्थिति उत्पन्न हुई से क्रांतिकारी कवि विनीत खेमका ने अपने अंदाज में कुछ इस प्रकार पिरोया है-

दफ्तरों में फाइलें सुलग उठीं,

हलख से चीखें बिलख उठीं,

हवाई चप्पल की आहट

से सारा महकमा खलबलाया है।
सियासत परेशान कैसे पूरा किला -
एक झाड़ू की चोट से चरमराया है।

उसकी गाड़ियों में बत्तियाँ नहीं,

पीछे कमांडो की जत्थियां नहीं,

शेर जंगल में अकेले गुर्राया है।

तबादले होने लगे, हफ्ते रुकने लगे,

दहशतगर्दों का जिगर

डर से थरथराया है।

-विनीत खेमका

भारत में जनमत संग्रह (Referendum) का अद्भुत प्रयोग

सैद्धान्तिक राजनीति के व्यावहारिक कसौटी पर परखने के लिए दो पद्धतियाँ अपनाई जाती हैं - लोकमत (Public opinion) व जनमत संग्रह (Referendum) अरविंद केजरीवाल ने दिल्ली में सरकार बनाने के लिए रेफरेंडम का इस्तेमाल करके एक नई बहस को अंजाम दिया है। भारत में चुनावों को यदि छोड़ दें तो यदा-कदा ही जनमत संग्रह की प्रक्रिया अपनाई जाती है। केजरीवाल के रेफरेंडम के तरीके को अगर पूरी तरह से प्रामाणिक न भी माना जाए, तो भी लोकतंत्र में जनता की राय से आगे बढ़ना एक स्वस्थ तरीका है। मोबाइल, इंटरनेट की इस दुनिया में इस प्रक्रिया ने देश की जनता, राजनीतिक पार्टियों और सरकार को अपना फैसला करने के लिए एक नया हथियार उनके हाथों में थमाया है।

जनता की राय, 'आप' के लिए जनमत

	कुल राय	हाँ	ना
फोन कॉल्स	85,716	62,412	23,304
एसएमएस	1,59,281	1,20,418	38,863
वेबसाइट	20,969	14,256	6,713
जनसभाएँ	280	257	23

जनमत संग्रह के मायने

जनमत-संग्रह एक प्रत्यक्ष मतदान पद्धति है, जिसमें किसी क्षेत्र विशेष के सभी लोगों को मतदान के द्वारा किसी एक विशेष प्रस्ताव को स्वीकार या अस्वीकार करने के लिए कहा जाता है। दूसरे शब्दों में कहा जाए तो जनमत-संग्रह के जरिए सरकार की नीतियों या किसी प्रस्तावित कानून के बारे में जनता की राय ली जाती है।

पूरे विश्व में होता है जनमत संग्रह

बहुत सारे देश इस प्रक्रिया को अपनाकर बड़े-बड़े फैसले ले चुके हैं। कानूनों में बदलाव, धार्मिक मुद्दे, समलैंगिकता, एफडीआई, विनिवेश से लेकर नए देश के निर्माण जैसे मुद्दों पर जनमत संग्रह के आधार पर धारणा स्थापित की गई।

जनमत संग्रह के कुछ उदाहरण

कनाडा

ईस्ट सेंट्रल कनाडा स्थित क्यूबेक प्रांत देश का हिस्सा रहे या उसे अलग देश का दर्जा मिले, इस बात पर सबसे पहले 1980 ई. में एक जनमत संग्रह कराया गया। इसी से मिलता जुलता एक रेफरेंडम 1995 में भी कराया गया। जो काफी निर्णायक सिद्ध हुआ।

अमेरिका

कैलिफोर्निया में ट्रांसजेंडर्स को स्कूलों में शौचालय, विश्रामगृह इस्तेमाल करने देने से जुड़े कानून के विरोध में एक जनमत संग्रह किया जा रहा है। वहीं, यहाँ के ओरगॉन में वालमार्ट को अपनी शॉप खोलने का फैसला तब बदलना पड़ा जब जनता ने इसके खिलाफ मतदान करके अपनी राय व्यक्त की।

सूडान

जनवरी 2011 में दक्षिणी सूडान में एक जनमत संग्रह कराया गया, जिसमें क्षेत्र के लोगों से पूछा गया कि इस हिस्से को देश का हिस्सा होना चाहिए या नहीं। इसी के परिणामस्वरूप 9 जुलाई 2011 को दक्षिणी सूडान का अस्तित्व सामने आया।

स्विट्जरलैंड

नवंबर 2009 में यहाँ के निवासियों ने एक जनमत संग्रह द्वारा

फैसला किया कि देश की मस्जिदों में मीनारें न बनाई जाएँ। मजबूत लोकतांत्रिक प्रणाली वाले देशों में शुमार स्विट्‌जरलैंड कई मुद्दों पर जनमत संग्रह से फैसला कर चुका है।

फॉकलैंड आईलैंड

मार्च 2013 में यहाँ के लोगों से राय ली गई कि वे इस क्षेत्र के ब्रिटेन के विदेशी क्षेत्र के तौर पर बने रहने का समर्थन करते हैं कि नहीं? 99 प्रतिशत से ज्यादा लोगों ने पक्ष में विचार व्यक्त किए और तस्वीर साफ हो गई।

स्कॉटलैंड

18 सितंबर 2014 में यहाँ के लोग वोटिंग करके फैसला करेंगे कि क्या उन्हें एक आजाद मुल्क बन जाना चाहिए? 16 साल की उम्र से ज्यादा का हर व्यक्ति इस जनमत संग्रह में हिस्सा लेगा।

मिस्त्र

मिस्त्र के अंतरिम राष्ट्रपति ने बीते 14 दिसंबर को ऐलान किया कि देश में संविधान के नए प्रारूप पर 14-15 जनवरी 2014 को एक जनमत संग्रह कराया जाएगा। यह संविधान पद से हटाए गए राष्ट्रपति मोहम्मद मोर्सी की सरकार द्वारा स्वीकृत 2012 के संविधान की जगह लेगा।

क्रोएशिया

2 दिसंबर 2013 को यहाँ के लोगों ने देश में गे सेक्स को मान्यता देने वाले कानून को हटाने के लिए संविधान में बदलाव को लेकर मतदान किया। करीब 66 प्रतिशत लोगों ने इस कवायद के पक्ष में वोट डाले।

थाईलैंड

वर्तमान में प्रदर्शन कारियों का विरोध झेल रही पीएम यिंगलक शिनेवात्रा ने प्रस्ताव दिया कि रेफरेंडम के जरिए उनकी सरकार का भविष्य तय किया जाए।

न्यूजीलैंड

दिसंबर 2013 में इस जनमत संग्रह में पूछा गया कि क्या सरकार एयर न्यूजीलैंड समेत देश की पाँच सरकारी कंपनियों के 49 पर्सेंट हिस्सेदारी बेच दे। करीब 2 तिहाई लोगों ने इस प्रस्ताव का विरोध किया।

उपयुक्त विवेचन से यह स्पष्ट हो जाता है कि जब विश्व के सभी देश सामाजिक, राजनीतिक, आर्थिक, नैतिक, धार्मिक सभी मसलों पर जनमत संग्रह कराते हैं।

तो हमारे यहाँ इस प्रक्रिया पर कुछ लोग क्यों आशंका जाहिर कर रहे हैं। कारण स्पष्ट है कि जनता की राजनेता सुनते कहाँ हैं, तो जनमत संग्रह भला क्यों कराएँगे।

पक्ष में तर्क

- लोगों को लोकतंत्र से जोड़े रखने का तरीका।
- पारंपरिक राजनीतिक प्रणाली से ऊब चुके लोगों में उत्साह आएगा।
- लोगों की राय पर लिए गए फैसले पर विरोध होने की गुंजाइश न के बराबर।

जनमत संग्रह पर विरोधियों का अपना अलग राग

- भारत में साक्षरता कम, इसलिए सभी को महत्वपूर्ण मुद्दों की समझ नहीं

- 120 करोड़ की जनता से रायशुमारी व्यवहारिक तौर पर मुमकिन नहीं
- जरूरी नहीं कि बहुमत हर बार सही हो
- कश्मीर, खालिस्तान, रामजन्मभूमि जैसे मुद्दों पर रेफरेंडम का सहारा लिया तो क्या होगा ?

यह भारत है यहाँ कुछ भी अच्छा करने से लोगों के सिंहासन हिलने लगते हैं। इस बात के लिए विरोध के इस देश में केजरीवाल जो कुछ भी कर पा रहे हैं वह सराहनीय है।

जो कहा वह कियाः पानी हुआ मुफ्त

मुख्यमंत्री बनने के तीन दिन बाद ही अरविंद केजरीवाल ने दिल्ली के लोगों को मुफ्त पानी देने का अपना पहला वादा निभा दिया, लेकिन कुछ शर्तें भी जोड़ दीं। बीमार होने के बावजूद केजरीवाल ने घर पर जल बोर्ड के अफसरों की बैठक बुलाई और यह फैसला लिया। जल बोर्ड के सीईओ विजय कुमार ने बताया कि राजधानी में चालू मीटर वाले पानी के हर कनेक्शन पर हर महीने 20 हजार लीटर पानी फ्री दिया जाएगा। यानी हर परिवार को रोजाना 667 लीटर पानी मुफ्त मिलेगा। इस पर सीवर चार्ज, वॉटर चार्ज, सर्विस चार्ज और शुल्क भी नहीं देना होगा। लेकिन शर्त यह है कि अगर महीने में 20 हजार लीटर से ज्यादा पानी खर्च हुआ तो उपभोक्ता को पूरे पानी का बिल चुकाना होगा। वह भी मौजूदा कीमत में 10 प्रतिशत इजाफे के साथ क्योंकि 1 जनवरी से पानी के रेट 10 प्रतिशत बढ़ने वाले हैं। नए फैसले का फायदा सिर्फ घरेलू उपभोक्ताओं को ही मिलेगा। जल बोर्ड के अधिकारियों ने बताया कि तीन महीने तक फ्री पानी देने का खर्च जल बोर्ड उठाएगा, जो करीब 41 करोड़ रुपये होगा। तीन महीने के बाद यह खर्च दिल्ली सरकार उठाएगी। इस स्कीम पर सालना कुल खर्च 165 करोड़ रुपये होगा। जनता के हित में केजरीवाल द्वारा निभाए जानेवाले इस वचन का स्वागत किया जाना चाहिए। जहाँ तक शर्त की बात है तो इसमें भी जनहित छुपा है, कम से कम पानी की बरबादी तो रुकेगी।

4 लाख परिवारों को होगा फायदा मुफ्त पानी से

- अभी 218.20 रुपये का बिल 20 हजार लीटर पानी का है।
- जहाँ मीटर नहीं, 310 रुपये औसतन बिल लिया जाता है
- 1 जनवरी से रेट में 10 पर्सेंट की बढ़ोत्तरी

240 रुपये की बचत होगी हर महीने

वॉटर चार्ज	66.50	रुपये
सीवर चार्ज	39.50	रुपये
सर्विस चार्ज	133.10	रुपये
सेस (शुल्क)	1.33	रुपये
कुल	240.43	रुपये

पर्याप्त पानी मुफ्त देने वाला दुनिया का पहला शहर दिल्ली

सिटिजन फ्रंट फॉर वाटर डेमोक्रेसी के संयोजक एस.ए. नकवी का दावा है कि 667 लीटर रोजाना मुफ्त पानी देने वाला दिल्ली दुनिया का पहला शहर होगा। अभी तक दक्षिण अफ्रीका के सोवेतो शहर में कोर्ट के आदेश पर गरीबों को 40 लीटर पानी रोजाना मुफ्त दिया जाता है।

नर्सरी एडमिशन के लिए हेल्पलाइन

नर्सरी एडमिशन में डोनेशन समेत तमाम परेशानियाँ दूर करने के लिए दिल्ली सरकार ने हेल्पलाइन शुरू की है। रियायती दर पर जमीन पाने वाले माइनॉरिटी स्कूलों में गरीबों के लिए कोटा 10 प्रतिशत से बढ़ाकर 20 प्रतिशत कर दिया गया है।

NCR में ऑटो की राह हुई आसान

एनसीआर के गाजियाबाद, नोएडा, गुड़गाँव और फरीदाबाद के बीच ऑटो चलने का रास्ता साफ हो गया है। दिल्ली के ट्रांसपोर्ट मंत्री सौरभ भारद्वाज ने अफसरों के साथ मीटिंग में फैसला लिया कि एनसीआर के लिए दिल्ली में 5,500 परमिट आम लोगों को दिए जाएँगे और कॉरपोरेट कंपनियों को सिर्फ 1500 परमिट मिलेंगे। सुप्रीम कोर्ट के आदेश के बाद दिल्ली में 45,000 नए ऑटो परमिट जारी करने का जो रास्ता खुला था, उन्हीं में से 7000 परमिट पिछली सरकार ने एनसीआर आने-जाने के लिए कॉरपोरेट कंपनियों के लिए रिजर्व कर दिए थे। इस पर कुछ लोगों ने कोर्ट में केस कर दिया कि दिल्ली सरकार कॉरपोरेट कंपनियों को परमिट कैसे दे सकती है। मामले की सुनवाई अभी बाकी है, जिसमें दिल्ली सरकार अपनी नई पॉलिसी कोर्ट को बताएगी। कोर्ट की हरी झंडी मिलते ही एनसीआर के लिए ऑटो चलने का रास्ता खुल जाएगा। दिल्ली में 50 हजार नए परमिट जारी करने के लिए कोर्ट में याचिका दाखिल करने का निर्देश भी दिए गए हैं।

भारी पड़ा केजरी 'वार'

अरविंद केजरीवाल दिल्ली के नए चीफ मिनिस्टर बन गए हैं। 45 साल के केजरीवाल दिल्ली के सबसे यंग सीएम हैं। ऐसे में आपके मन में केजरीवाल को जानने की चाहत होगी। साथ ही यह भी समझना चाहते होंगे कि सीएम कैसे बनता है ? चलिए, आपकी उलझन हम सुलझा देते हैं।

अद्‌भुत व्यतित्व के धनी केजरीवाल

केजरीवाल के व्यक्तित्व के कुछ खास पहलू हैं, जो उन्हें औरों से भिन्न स्थापित करते हैं:

केजरीवाल बेहद जुझारू व्यक्ति हैं। वे जो संकल्प कर लेते हैं, उसे जरूर पूरा करते हैं। यह जज्बा उनमें जनलोकपाल की लड़ाई शुरू करने के वक्त से ही नजर आता है। उनमें गजब की संगठन क्षमता है।

उन्हें भरोसा था कि सिस्टम बदल सकता है। उनमें हमेशा से समाज के लिए कुछ करने की चाहत रही है इसीलिए टाटा में काम करते हुए भी उन्होंने सोशल सेक्टर में काम करने की इच्छा जाहिर की। साथ ही, छोटे-से-छोटे विषयों पर उनकी अच्छी-खासी पकड़ है। उन्होंने बंगला, लाल बत्ती और सिक्योरिटी ठुकरा कर मिसाल पेश की है।

केजरीवाल व उनके मंत्रियों की टोपी

केजरीवाल हमेशा गांधी टोपी पहनते हैं, जिसे अब अन्ना टोपी भी कहा जाता है। उन्होंने टोपी पहनने की शुरुआत जन लोकपाल पर अन्ना आंदोलन के दौरान की। टोपी पहनने से वह और उनके साथी अलग तो नजर आते ही हैं, साथ ही ऐसा करके वीआईपी संस्कृति के खिलाफ अपनी विचारधारा का प्रचार भी करते हैं।

चुनाव चिह्न झाड़ू ही क्यों चुना?

इसके पीछे केजरीवाल की मंशा राजनीति से गंदगी को साफ करने की उनकी सोच रही होगी। वह इसी दावे के साथ राजनीति में उतरे हैं कि यहाँ की भ्रष्टाचार की गंदगी को साफ कर इसमें आम आदमी को जगह दिलाएँगे। जाहिर है, ऐसे में पार्टी का चुनाव चिन्ह झाड़ू एकदम सटीक था।

केजरीवाल द्वारा पार्टी बनाने का औचित्य

केजरीवाल ने अपनी पार्टी का नाम आम आदमी पार्टी रखा है क्योंकि उनका दावा है कि उनकी पार्टी आम आदमी का प्रतिनिधित्व करती है। समाज में बड़े स्तर पर बदलाव के लिए राजनीति अच्छा जरिया है और राजनीति में कुछ बड़ा बदलाव उसकी भागीदारी से ही मुमकिन है। पार्टी बनाना इसी सोच का एक हिस्सा है। उनकी पार्टी का काम करने का तरीका अलग है। बहुत सारे आईटी प्रोफेशनल, इंजीनियरों, पत्रकारों, प्रोफेसरों और व्यवसायियों आदि ने वॉलिंटियर के तौर पर पिछले 8 महीने जमकर काम किया। उन्होंने सोशल नेटवर्किंग के जरिए अपने दल की विचारधारा का प्रचार किया।

यह भी जानना जरूरी है कि किसी भी राज्य के मुख्यमंत्री का चुनाव कैसे होता है?

किसी भी राज्य का मुख्यमंत्री राज्य विधानसभा का नेता होता है। जब चुनाव में किसी एक दल को बहुमत हासिल होता है, तो उस दल के निर्वाचित नेता को राज्यपाल (दिल्ली में लेफ्टिनेंट गर्वनर) मुख्यमंत्री नियुक्त करते हैं। मुख्यमंत्री बनने के लिए भारत का नागरिक होना, उम्र 25 या ज्यादा होना और विधानसभा का सदस्य होना जरूरी है। अगर वह विधानसभा का सदस्य नहीं है तो 6 महीने के भीतर सदस्य बनना जरूरी है। अगर किसी दल को तय सीटें नहीं मिलती, तो उसे किसी दूसरी पार्टी से सरकार बनाने के लिए समर्थन लेना पड़ता है। अभी केजरीवाल की पार्टी को कांग्रेस बाहर से समर्थन दे रही है। कोई भी दल सरकार नहीं बना पाता तो फिर से चुनाव की घोषणा होती है। जिसे मध्यावधि चुनाव कहते हैं। तब तक उस राज्य में राष्ट्रपति शासन लागू रहता है। केजरीवाल आरंभ से ही विपक्ष में बैठना चाहते थे लेकिन जब जनमत संग्रह द्वारा जनता की आवाज सरकार बनाने के पक्ष में आई तब केजरीवाल ने जनता के आदेश को सिर माथे से लगाया और सरकार बनाई।

21 आम आदमी जागा है

अरविंद केजरीवाल आम आदमी का पर्याय बन चुके हैं। यह आम आदमी अब इस नए जमाने का नायक है। भ्रष्टाचार, घटिया शासन और निकम्मेपन के खिलाफ जंग का हीरो।

बदलाव के इस काफिले की अगुवाई कोई महान नेता, कोई तेजस्वी राजा, कोई साहब या माई-बाप नहीं कर रहा। इस काफिले को राह दिखाने वाला है वह जिसे अब तक प्रजा समझा जाता था; जो सियासत की चालों का बस मोहरा था; जिसके वोट के सौदे होते थे और जिसे वादों से मूर्ख बनाया जा सकता था; इस देश में जिसकी हैसियत हुक्म मानने, कुशासन को सहते जाने और सत्ताधीशों की धौंस, हेकड़ी, बेहयाई और लालच के सामने निरीह प्राणी की भाँति खड़े रहने तक मानी जाती थी।

इस देश के करोड़ों आम नागरिक जाग उठे हैं। एक-दूसरे से अनजान ये भारतवासी बदलाव की अब तक की सबसे बड़ी लहर में आपस में जुड़ कर एक नए भारत, एक बेहतर और खुशहाल भारत की बुनियाद रख चुके हैं। उन्होंने अपने नेताओं को सड़कों पर खड़ा कर दिया है, पार्टियों के होश उड़ा दिए हैं। उनकी ख्वाहिशों की आँच ने दौलत और सत्ता की ताकत को पिघला दिया है। निश्चित ही इसे भारत की राजनीति के स्वर्णिम युग की शुरुआत माना जाना चाहिए।

आइए जानते हैं आम आदमियों की ताकत को

सरकारें जो सोई रहती हैं, लीडर जो देश को लूटते रहते हैं, सिस्टम जो आम आदमी को कोल्हू के बैल की तरह नचाता रहता है ... उनके खिलाफ एक अहिंसक बगावत है यह।

पत्रकारिता से करियर शुरू करने वाले कानपुर के **आलोक दीक्षित** का सामना अपने ही शहर में कुछ ऐसी लड़कियों से हुआ जिनके चेहरे को तेजाब से जला दिया गया। उनका कहना है कि मेरी टीम में सब आम चेहरे हैं। यही आम लोग हमारी ताकत बने। इन्हीं की बदौलत हम मजबूत बन कर उभरें। इनके भरोसे के बदौलत पुलिस की लाठियाँ भी खाईं। इंटरनेट और सोशल मीडिया सबसे बड़ी ताकत है।

अब यह विश्वास आ गया है। सब मिलकर प्रणाली को बदल सकते हैं।

1979 बैच के आईएफएस ऑफिसर **मनोज मिश्रा ने** 22 साल नौकरशाही में गुजारने के बाद 2001 में स्वैच्छिक सेना निवृत्ति (VRS) लिया और पर्यावरण सेवा में कूद पड़े। उनका मानना है एक नई उम्मीद जगी है हमारे नेता अब हमारे हर सवाल को सुनने और समझने के लिए तैयार होंगे आम आदमी की ताकत बढ़ी है। वोट सबसे बड़ी ताकत है। अब पर्यावरण से जुड़े मुद्दे पर चिट्‌ठी भेजने पर हमें निराशा नहीं होगी। हमारे सवालों पर सुनवाई होगी और उसका सही जवाब मिलेगा। सरकार आत्मविश्वास जगाएगी तो हम बदलाव बिल्कुल ला सकते हैं।

पिछले 5 सालों से दिल्ली के गली-कूचे में अलग-अलग सामाजिक मसलों पर नुक्कड़ नाटक कर रही थिएटर एक्टिविस्ट **पलक भूटानी अस्मिता थिएटर ग्रुप से जुड़ी हैं।** पलक का कहना है कि थिएटर तो मैं कॉलेज में भी करती थी लेकिन वह बस मौज मस्ती वाला होता था। कॉलेज के बाद जॉब शुरू की तो लगा कि कुछ छूट रहा है। मुझे महज जॉब नहीं करनी बल्कि समाज के लिए भी कुछ करना है।

मुझे लगता है कि अब मैं ज्यादा मजबूत हुई हूँ। पहले गलत के खिलाफ आवाज उठाने में हिचकिचाती थी पर अब आवाज बुलंद करती हूँ और दूसरों को भी इसके बारे में बताती हूँ हमारी आवाज ही हमारी सबसे बड़ी ताकत है जो हम उठा रहे हैं।

शिवम विज आम आदमी के सवाल ट्विटर पर मजबूती से रखने में माहिर हैं। ट्वीट करना उनका जुनून है। दिल से करते हैं, कामयाबी कदम चूमती है। करोड़ों युजर्स वाले इस मीडियम में टॉपिक ट्रेड करा

चुके हैं। सोशल मीडिया के अटैकिंग ट्रेंड ने जब ब्लॉगिंग कल्चर को ध्वस्त कर दिया, तब भी शिवम के कम्युनिटी ब्लॉग काफिला की पहुँच अखबारों और मैगजीन से ज्यादा है। सोशल मीडिया में ध्रुव तारे की तरह जगमगा रहे शिवम के लिए यह आम आदमी का सबसे बड़ा हथियार है।

मुझे लगता है कि यह मेरी सरकार है ना कि किसी 'फैमिली' या 'परिवार' की। देश पर आम आदमी का हक है और वही देश पर राज करेगा। यह जनता की सरकार है। मतदान ही मेरी सबसे बड़ी ताकत है। बदलाव ला सकते हैं, किसी भी काम के लिए घूस न देकर। बिजली बड़ा मुद्दा है। मैं सर्दी में हीटर और गर्मी में कूलर चला लेता हूँ। लेकिन घर में काम करने वाली मेड ऐसा नहीं कर सकती। महँगे बिल भरना उसके बस के बाहर है। ऐसे बहुत सारे लोग हैं जिन्हें सोचना पड़ता है कि चलाऊँ क्या ना चलाऊँ? इसे सुधरना चाहिए। आशय यह है कि अरविंद केजरीवाल की तरह शिवम् भी बिजली को लेकर संवेदनशील हैं।

अलीगढ़ से 2009 में लॉ करने के बाद एडवोकेट गौरव कुमार बंसल हाई कोर्ट और सुप्रीम कोर्ट में वकालत कर रहे हैं। इन्होंने आम लोगों के लिए तमाम जनहित याचिकाएँ दाखिल कीं।

उनका मानना है कि अपने अंदर की ताकत को समझना होगा। लोगों के लिए पीआईएल के जरिए आवाज उठाई और सुनी भी गई, इससे पता लगता है कि आम आदमी ताकतवर हुआ है। जनता के लिए आवाज उठाने का अधिकार सबसे बड़ी ताकत है। हम रिट के जरिये सुप्रीम कोर्ट और हाई कोर्ट का दरवाजा खटखटा सकते हैं। सिस्टम में बदलाव का सवाल है तो यह अकेले नहीं हो सकता लेकिन इतना तय है कि अगर जन समर्थन है तो कुछ भी हो सकता है। यह आम आदमी का समर्थन ही है जिससे दिल्ली की सत्ता की बागडोर अरविंद केजरीवाल के हाथ में संपूर्ण आशा के साथ आई।

जब से सूचना का अधिकार (आरटीआई) कानून आया है लोगों को इसके जरिये सरकारी विभाग से जानकारी मिल रही है और इस तरह विभाग अपनी जिम्मेदारी से भाग नहीं सकते और जवाबदेही बनी है।

आरटीआई ने आम आदमी को बहुत बड़ी ताकत दी है। जागरूकता सबसे बड़ा हथियार है। अगर हम अपने अधिकार को समझते हैं तो हम उसके लिए लड़ सकते हैं। कोई भी चीज मुश्किल नहीं है। अगर मैं सिस्टम को ठीक करने के लिए संघर्ष कर सकता हूँ और उसमें मुझे सफलता मिल सकती है तो कोई भी इस तरह का संघर्ष कर सकता है। कोई भी बदलाव मुश्किल नहीं है लेकिन इरादा पक्का होना चाहिए 2014 में हेल्थ सेक्टर को प्राथमिकता पर रखना होगा। अगर आम नागरिक स्वस्थ होंगे तो देश का सही तरह से विकास होगा और ऐसे में मेरी समझ से एक स्वस्थ भारत के लिए स्वास्थ्य प्रक्षेत्र को ठीक करना प्राथमिकता होनी चाहिए। उपर्युक्त सभी लोग आम आदमी हैं, जो उनकी सोच है वही आम आदमी पार्टी की सोच है जिसे अरविंद केजरीवाल द्वारा क्रियान्वित किया जा रहा है।

22 ‘आप’ और 2014 – आशा की किरण

हम लगभग समझौतावादी हो गए थे। कहने लगे थे यार सब चलता है। लेकिन अरविंद केजरीवाल के आने के बाद वही यह कहने लगे हैं कि ‘अब नहीं चलेगा’। अब आम आदमी खुद को पहले से ज्यादा ताकतवर महसूस कर रहा है और उसे पूरा भरोसा है कि वह खराब सिस्टम को खुद बदलने का दम रखता है। ये नतीजे दिल्ली और एनसीआर (गाजियाबाद, फरीदाबाद, गुड़गाँव, बहादुरगढ़) के इलाकों के लोगों के बीच हमारे एक खास सर्वे से निकलकर सामने आए। इसमें हमने लोगों से पाँच सवाल पूछे

1. क्या आज आप खुद को ताकतवर महसूस कर रहे हैं?
2. आपकी सबसे बड़ी ताकत क्या है?
3. क्या आप सिस्टम को सुधार सकते हैं?
4. आप किस चीज को सबसे खराब मानते हैं, क्या सबसे पहले उसे सुधारा जाना चाहिए? और
5. क्या साल 2014 के बेहतर साबित होने की उम्मीद है?

यह भी साफ दिखा कि 2013 में कैसे आम आदमी ने अपनी ताकत पहचानी, चाहे वह नाइंसाफी के खिलाफ आवाज उठाने की जंग हो या राजनीतिक कार्यसूची बदलने की। हम 2014 में इससे बेहतर की उम्मीद तो कर ही सकते हैं।

सर्वे से यह बात साफ निकलकर आई कि लोग अब खुद को कमजोर या मूक दर्शक नहीं मानते। उन्हें लगता है कि बदलते दौर का

आगाज़ हो चुका है। जागरूकता आने से काफी फर्क पड़ा है। लोगों ने संगठित होने की ताकत पहचानी है। युवाओं की राय है कि टेक्नॉलाजी ने उन्हें ज्यादा ताकत दी है। दिल्ली में आए इस परिवर्तन से लोगों को भरोसा हुआ है कि विकल्प खोजे जा सकते हैं।

अधिकतर लोगों ने वोट की ताकत को सबसे बड़ा माना, शायद इसलिए भी क्योंकि अभी ही इसके बूते उन्होंने देश और दुनिया को चौंका देने वाला फैसला जो सुनाया है। हमारे संविधान ने हमें कई अधिकार दिए हैं लेकिन उनकी जानकारी न होना हमारी कमज़ोरी है। आत्मविश्वास उनकी सबसे बड़ी ताकत है।

दिल्ली में तो 90 फीसदी से ज्यादा लोग मानते हैं कि सिस्टम में पारदर्शिता लाई जा सकती है और भ्रष्टाचार का सफाया हो सकता है, हालांकि यह आशावाद एनसीआर के इलाकों में दिल्ली से थोड़ा कम प्रभावी दिख रहा है। लोग मानते हैं कि सिस्टम को हर पल बदलने की ज़रूरत है ताकि किसी को काम कराने में दिक्कत न हो। बदलाव की हवा बहनी शुरू हो चुकी है और सिस्टम भी बदलेगा।

भ्रष्टाचार से सबसे ज्यादा लोग परेशान हैं और कई लोगों की राय है कि महँगाई इसी का साइड इफेक्ट है। वे इनसे फौरन निजात चाहते हैं। सबसे बड़ी समस्या करप्शन है और अगर यह खत्म हो जाए तो आधी से ज्यादा मुश्किलें हल हो जाएँ। वहीं एक वर्ग का मानना है कि महिलाओं के लिए सुरक्षा सबसे बड़ी चीज है।

2013 जैसा भी रहा, लोगों को 2014 से बहुत ज़्यादा उम्मीदें हैं। हमारे सर्वे में यह आम राय बनकर आई कि 2013 में आए बदलाव का असली असर 2014 में देखने को मिलेगा। सिर्फ कुछ ही ऐसे लोग थे जिन्हें लगता था कि या तो कुछ नया नहीं होगा या अभी कुछ कहा नहीं जा सकता। अधिकतर लोगों को यह आशावाद 2013 की हैपी एंडिंग (सुखांत) से मिला है और उन्हें भरोसा है कि आम आदमी को जो अपनी ताकत का अहसास हुआ है वह राजनीतिक कार्यसूची ही नहीं, समाज की तस्वीर बेहतर करने के भी काम आएगा।

23 जो जनता की सुनेगा वही राज करेगा

2014 का चुनाव आजाद भारत का सबसे अनूठा चुनाव है। अब तक राजनीतिक दल कॉमन मैन की दिशा तय करते थे। इस चुनाव में अब आम लोग इनकी राजनीतिक दिशा तय करेंगे। बदलाव का नजारा देखें। दिल्ली में बनी आप की सरकार ने बता दिया कि अब ढर्रे की राजनीति नहीं चलेगी।

जनता नारे ही नहीं लगाएगी बल्कि कार्यनीति भी तय करेगी

अब वह समय गया जब मुट्ठी भर लोगों के अपने 'खास' अजेंडे (कार्यसूची) के तहत कोई भी नीति बना लेते थे। बीते साल दागी नेताओं को बचाने के लिए अध्यादेश को वापस लाने में आम लोगों के आक्रोश ने अहम भूमिका निभाई। हर किसी को बखूबी अंदाजा लग गया कि आम लोगों के लिए कोई नीति उनसे बिना पूछे बनाना संभव नहीं है। बलात्कारी विरोधी कानून बनाने के लिए जब जस्टिस वर्मा ने लोगों से राय माँगी थी तो पाँच दिनों में एक लाख से अधिक लोगों ने अपना मॉडल भेज दिया था। आज तक कोई कानून बनाने में लोगों ने इतनी सक्रियता नहीं दिखाई है।

अब भ्रष्टाचार से खुद लड़ेगा आम आदमी

करप्शन ने समाज की जड़ों को दीमक के कीड़े की तरह खोखला किया है। जिस देश में आज़ादी के इतने बरसों बाद भी दो-तिहाई लोगों

को दो वक्त का खाना नहीं मिल पाता है, वहाँ एक लाख करोड़ से अधिक के घोटाले हो रहे हैं। अब खुद आम लोगों ने अपनी ताकत का इस्तेमाल करना शुरू कर दिया है। इनकी इसी ताकत का ही यह असर था कि 46 सालों के बाद संसद में लोकपाल बिल पास हुआ। यही ताकत सरकार को आदर्श घोटाले जैसे मसलों पर अपनी राय वापस लेने के लिए नए साल पर मजबूर कर रही है। किसी भी राजनीतिक दल के लिए करप्शन पर चुप रहना इसके आरोपी को बचाना संभव नहीं होगा।

आप, की आवाज का मजबूत हथियार सोशल मीडिया

अब तक यह माना जाता था कि जिसके हाथ में माइक है आवाज उसी की सुनी जाती है। सोशल मीडिया के आने के बाद अब हर किसी के पास अपना माइक है वह खुद का मंच बनाता है और उसकी आवाज करोड़ लोगों तक पहुंच जाती है। कोई लड़की अपने साथ ब्लॉग पर लिखती है तो पूरा देश उसके साथ खड़ा हो जाता है तो कोई मंत्री की गलत हरकत फेसबुक पर डाल देता है तो बवाल हो जाता है।

लोगों की नज़र में आम आदमी

सोसायटी बदल रही है और आम आदमी की स्थिति भी बदलती हुई दिख रही है। आम आदमी की इसी बदलती स्थिति पर जानते हैं कुछ हस्तियों के विचार-

एम्स के पूर्व **निदेशक डॉ. पी. के. दवे** का कहना है कि बदलते दौर में परिवर्तन दिख रहा है और इस परिवर्तन ने एक उम्मीद भी जगाई है। इतना जरूर कहा जा सकता है कि सोसायटी में एक बदलाव आया है और कहीं न कहीं हम सभी खुद को पहले से ज़्यादा पावरफुल महसूस कर रहे हैं।

चेतन भगत, सुप्रसिद्ध लेखक के अनुसार कॉमन मैन सिनेमाई

कहानी की तरह जागा है। इसे अब रोक पाना असंभव सा लग रहा है। नए साल में यह और मजबूत बन कर उभरेगा। सियासत के ये अनजान चेहरे नए गेम चेंजर बन कर सामने आए हैं। राजनीतिक दलों ने इनकी ताकत को देखकर किस तरह अपने स्टैंड को बदला वह अदभुत है।

इतिहास गवाह है कि कोई मुल्क या समाज बिना आम लोगों की सहभागिता के बदलाव की गाड़ी पर चढ़ने में सफल नहीं हुआ है। अब लग रहा है कि अपने देश में भी आम लोगों की बदौलत हम सब बदलाव की गाड़ी पकड़ने को तैयार हैं।

24 आप के 18 वादे

1. दिल्ली से वीआईपी कल्चर खत्म करेंगे। लाल बत्ती, बंगला, गाड़ी सिक्योरिटी नहीं लेंगे।
2. भ्रष्टाचार के खिलाफ सख्त जनलोकपाल बिल पास करेंगे।
3. स्वराज कानून स्थापित करेंगे, सारे अधिकार मोहल्ला सभाओं को देंगे।
4. दिल्ली को पूर्ण राज्य का दर्जा दिलाएंगे।
5. बिजली कंपनियों का ऑडिट करवाएंगे।
6. तेज चल रहे बिजली के मीटरों की जांच करवाएंगे।
7. हर घर को 700 लीटर साफ पानी मुफ्त देंगे।
8. सभी अनाधिकृत कॉलोनियों को एक साल में नियमित करेंगे।
9. पक्के मकान नहीं बनेंगे, तब तक झुग्गियां नहीं तोड़ी जाएंगी।
10. ठेके पर कर्मचारियों को रखने की प्रथा बंद करेंगे।
11. वैट का सरलीकरण करेंगे।
12. किराना में एफडीआई नहीं आने देंगे।
13. ग्राम सभा की मंजूरी के बिना जमीन का अधिग्रहण नहीं होगा। लाल डोरा बढ़ाया जाएगा।
14. सरकारी स्कूलों में शिक्षा का स्तर सुधारेंगे।
15. सरकारी अस्पतालों में प्राइवेट अस्पतालों से भी बेहतर इलाज का इंतजाम करेंगे।

16. महिलाओं की सुरक्षा के लिए स्पेशल महिला सुरक्षा दलों का गठन करेंगे।
17. नई अदालतें खोली जाएंगी और नए जजों की नियुक्ति की जाएगी। 6 महीने या साल भर में केस निपटेंगे।
18. अन्य पार्टियाँ केंद्र सरकार से संबंधित मुद्दों पर 'आप' का साथ देगीं।

हथेली पर सरसों नहीं उगतीः समय तो चाहिए ही

आम आदमी पार्टी ने दिल्ली में सरकार बनाने का फैसला तो कर लिया है, लेकिन उसके सामने चुनौतियों के पहाड़ खड़े हैं। सबसे बड़ी चुनौती तो यही है कि तमाम बड़े फैसले करने और अपनी योजनाओं को लागू करने के लिए पार्टी के पास शुरुआत में सिर्फ दो महीने का वक्त है क्योंकि लोकसभा चुनाव की आचार संहिता लागू होने के बाद कुछ खास किया नहीं जा सकता और यह भी भरोसा नहीं किया जा सकता कि लोकसभा चुनाव के बाद कांग्रेस अपना समर्थन जारी भी रखेगी या नहीं। ऐसे में दिल्ली का जन लोकपाल बिल पास करना, बिजली कंपनियों का सीएजी से ऑडिट करवाना, बिजली-पानी के मीटरों की जांच करवाना, हर घर में 700 लीटर पानी मुफ्त पहुंचाना, महिला सुरक्षा दस्तों का गठन करना, मोहल्ला सभाओं का गठन करना बड़ी चुनौती है।

दिल्ली के जनलोकपाल बिल को विधानसभा से पास करवाने में पार्टी को दिक्कतों का सामना करना पड़ सकता है, क्योंकि इसके लिए पार्टी को कांग्रेस के सभी आठों विधायकों का साथ चाहिए। अगर कांग्रेस के विधायक इस मसले पर आप का साथ नहीं देते हैं या बीजेपी के विधायक बिल पर चर्चा करने या उसमें कुछ बदलाव प्रस्तावित करने के बहाने उसे पास करने की प्रक्रिया को लटकाने की कोशिश करते हैं, तो सरकार को नए जनलोकपाल कानून को लागू कर पाना पार्टी के लिए संभव नहीं होगा। इसके अलावा बिजली कंपनियों के नियंत्रक व

महालेखा परीक्षक (सीएजी) ऑडिट और बिजली पानी के मीटरों की जांच में भी काफी वक्त लग सकता है।

पार्टी के वरिष्ठ सदस्य योगेंद्र यादव का मानना है कि हमारे पास अभी वक्त वाकई बहुत कम है। अगले साल मई-जून में लोकसभा चुनाव होने हैं। फरवरी के अंत तक पूरे देश में मॉडल कोड ऑफ कंडक्ट लागू हो जाएगा। उसके बाद हम कोई नया पॉलिसी डिसिजन नहीं ले पाएंगे और न ही किसी योजना को लागू कर पाएंगे। अभी तो हम यही मानकर चल रहे हैं कि तमाम बड़े फैसले करने के लिए हमारे पास सिर्फ दो महीने का वक्त है।

जन लोकपाल बिल के मसले पर उनका कहना था कि हमारा ड्राफ्ट तैयार है, जिसे हम असेंबली में रखेंगे और कोशिश करेंगे कि उसे पास करने के लिए एक त्वरित प्रक्रिया अपनाई जाए। अगर कोई पार्टी इस बिल को असेंबली में पास नहीं होने देगी, तो जनता को पता चल जाएगा कि किसने इस बिल को रोका है और फिर जनता उससे जवाब मांगेगी। उन्होंने फिर दोहराया कि कांग्रेस या किसी भी अन्य पार्टी के साथ हमारा कोई गठबंधन, साझेदारी या आपसी समझौता नहीं है। हम अपने वादे के मुताबित जनता के मुद्दों पर काम करते रहेंगे। पार्टी के नेता संजय सिंह ने भी माना है कि पूरी दिल्ली में तकरीबन 2700 मुहल्ला सभाओं के गठन में अभी वक्त लग सकता है। यह एक लंबी प्रक्रिया होगी। इसे तुरंत लागू कर पाना संभव नहीं होगा। लेकिन जन लोकपाल बिल को हम शीघ्र ही लागू करवाने की कोशिश करेंगे। बिजली-पानी से जुड़े मुद्दों पर फैसले लेना भी सरकार की प्राथमिकता रहेगी।

25 वी आई पी संस्कृति खत्म करने की पहल

आम आदमी पार्टी की सरकार बनने के बाद दिल्ली सरकार के आला अफसरों को भी अपना वीआईपी स्टेटस खोना पड़ सकता है। पार्टी की बड़ी कार्यसूचियों में से एक कार्य दिल्ली में वीआईपी कल्चर को खत्म करना है। अरविंद केजरीवाल के नेतृत्व में पार्टी पहले ही अपने सभी विधायकों से यह शपथ पत्र ले चुकी है कि वे किसी भी तरह की सरकारी सुविधा जैसे कि सरकारी बंगला, सरकारी गाड़ी, सरकारी सुरक्षा आदि नहीं लेंगे और गाड़ी पर लाल बत्ती लगाकर नहीं घूमेंगे। अब पार्टी नेताओं का कहना है कि वो दिल्ली सरकार के तहत काम करने वाली ब्यूरोक्रेसी से भी यह वीआईपी कल्चर खत्म करने की कोशिश करेंगे। यानी इशारा साफ है कि आम आदमी पार्टी की सरकार बनते ही दिल्ली सरकार के तहत काम करने वाले अफसरों को भी अपनी गाड़ियों पर लगी लाल या नीली बत्ती से हाथ धोना पड़ सकता है।

पार्टी के वरिष्ठ सदस्य योगेंद्र यादव का मानना है कि हर बदलाव की शुरुआत पहले खुद से करनी पड़ती है। इसी वजह से केजरीवाल ने सरकार बनाने का दावा पेश करने के बाद भी सुरक्षा लेने से इनकार कर दिया। पार्टी के विधायकों को भी यह साफ निर्देश दिए गए हैं कि वो वीआईपी बनकर नहीं रहेंगे और जनता से जुड़ाव बनाए रखेंगे। पार्टी का दीर्घकालीन उद्‌देश्य है कि दिल्ली ही नहीं बल्कि पूरे देश में वीआईपी संस्कृति खत्म हो। लेकिन यह बदलाव धीरे-धीरे आएगा और हम चाहेंगे कि नेताओं के अलावा ब्यूरोक्रेट्स के बीच भी यह संस्कृति खत्म हो और इसलिए हम दूसरों को भी इस चीज के लिए उत्साहित

करेंगे। यादव के मुताबिक जब ऊपर के लेवल पर यह चीज खत्म होती है, तो नीचे वालों पर अपने आप दबाव पड़ता है। यही वजह है कि केजरीवाल और उनके सहयोगी पहले खुद इन नियमों का पालन करेंगे। जब सरकार का मुख्यमंत्री, मंत्री और विधायक लाल बत्ती का इस्तेमाल नहीं करेंगे, तो नौकरशाही पर भी इसका असर होगा।

'आप' की सरकार के गठन के पहले ही दिन या चंद दिनों के भीतर दिल्ली सरकार के अफसरों की गाड़ियों पर लाल और नीली बत्ती लगाने पर बैन का आर्डर जारी किया जा सकता है। हालांकि पार्टी ने अभी यह तय नहीं किया है कि सरकारी बंगलों या फ्लैटों के इस्तेमाल के मामले में उसका रुख क्या होगा, लेकिन पार्टी नेताओं का कहना है कि सरकारी सुविधाओं के उपभोग को वो किसी भी सूरत में बढ़ावा नहीं देंगे। दिल्ली के ब्यूरोक्रेट्स से डील करना भी आप की सरकार के लिए एक बड़ी चुनौती होगी, ताकि अफसर सरकार की योजनाओं के क्रियान्वयन में कोई अड़ंगा ना लगाएं। केजरीवाल की सहयोगी शाज़िया इल्मी का मानना है कि अरविंद खुद एक ब्यूरोक्रेट रहे हैं और उन्हें पता है कि सरकारी अफसरों के साथ कैसे डील करना है। वे जरूरत पड़ने पर सख्ती बरतने से भी नहीं हिचकिचाएंगे। दिल्ली सरकार के ट्रांसपोर्ट विभाग ने 2003 में एक अधिसूचना जारी करके यह साफ किया था कि उपराज्यपाल के साथ-साथ सीएम, दिल्ली हाईकोर्ट के चीफ जस्टिस और जज, विधानसभा के स्पीकर, दिल्ली सरकार के मंत्रियों और विधानसभा में विपक्ष के नेता को फ्लैशर लगी लाल बत्ती लगाने का अधिकार दिया गया है, जबकि राज्य चुनाव आयुक्त, विधानसभा के उपाध्यक्ष, मुख्य सचिव और दिल्ली एरिया के जनरल ऑफिसर कमांडिंग यानी जीओसी को बिना फ्लैशर लगी लाल बत्ती के इस्तेमाल की इजाजत दी गई थी।

जवाबदेही की विशिष्टता अपनाइएः ठाठ-बाट की नहीं

दिल्ली में सरकार बना चुकी आम आदमी पार्टी (आप) ने एक नई राजनीतिक संस्कृति की शुरुआत के कुछ संकेत दिए हैं जैसे अरविंद

केजरीवाल सुरक्षा नहीं लेंगे, उनके मंत्री सरकारी मकानों में नहीं रहेंगे। ऐसे समय में जब राजनेताओं में सरकारी सहूलियतें झपट लेने की होड़ ही लगी है, 'आप' की यह पहलकदमी एक सुखद आश्चर्य से कम नहीं है। दरअसल 'आप' यह संदेश देना चाहती है कि जनतंत्र में जन प्रतिनिधि जनता के प्रति अपनी जवाबदेही के कारण विशिष्ट होते हैं, अपनी जीवनशैली या आर्थिक हैसियत के कारण नहीं। यह बात उस समय कही जा रही है जब दिल्ली के पड़ोसी राज्य उत्तर प्रदेश में सरकार द्वारा अपने चहेते नेताओं को खुले हाथों लालबत्ती की रेवड़ियां बांटी गईं, जिन्हें हटवाने के लिए अंततः अदालत को आगे आना पड़ा। लालबत्ती तो छोटी सी चीज है, विशेषाधिकार के नाम पर जन प्रतिनिधि सरकारी खजाने से करोड़ों फूंक देते हैं पर उन्हें इसका कोई मलाल नहीं होता। उन्हें याद भी नहीं रहता कि वे जनता के नुमाइंदे हैं जो बड़ी मशक्कत से दो जून की रोटी कमाती है। कर्नाटक में 30 विधायकों का दल तीन लैटिन अमेरिकी देशों की यात्रा पर जा रहा है। इस यात्रा का मकसद वहां के जल प्रपातों और खेल की गतिविधियों का अध्ययन करना है। राज्य के खजाने पर इससे 2.25 करोड़ रुपये का बोझ पड़ेगा। विधायकों को इससे कोई फर्क नहीं पड़ता कि राज्य के कई जिले सूखाग्रस्त हैं और सूखे से निपटने के लिए राज्य सरकार ने केंद्र सरकार से 1014 करोड़ रुपये की सहायता मांगी है। उधर महाराष्ट्र के कुछ मंत्रियों के बंगलों के रखरखाव पर पिछले तीन सालों में 21 करोड़ रुपये खर्च कर दिए गए। ये जन प्रतिनिधि जनता की गाढ़ी कमाई से अपने बंगले चमकाना अपना हक समझते हैं। लोकसभा अध्यक्ष मीरा कुमार को सन 2038 तक के लिए आलीशान बंगला मिला है, हालांकि उनका कहना है कि यह मकान उनके दिवंगत पिता और पूर्व उप प्रधान मंत्री बाबू जगजीवन राम के नाम पर बने फाउंडेशन को अलॉट किया गया है। इसलिए उनका इससे कुछ लेना-देना नहीं है। लेकिन सच्चाई जनता समझती है। अरविंद केजरीवाल का मानना है कि सत्ताधारियों को जनता से अलग और संपन्न दिखना चाहिए, यह एक साम्राज्यवादी दृष्टिकोण है। ब्रिटिश काल में इसी सोच के तहत मंत्रियों, सांसदों को तमाम सुविधाएं दी गईं, जो हमारे सिस्टम का भी हिस्सा बन गईं। आजादी के

बाद हमारे बड़े नेताओं ने सत्ता में रहते हुए भी खुद को इनसे दूर रखा पर वे उस परंपरा को पूरी तरह खत्म नहीं कर पाए। नतीजा यह हुआ कि ये चीजें दिनोंदिन विकराल रूप लेती गईं और राजनीतिक तुष्टीकरण का एक औजार बन गईं। यह जनतंत्र की ऐसी बीमारी है, जिसे अब दूर कर लेना चाहिए। अरविंद केजरीवाल ने कम से कम उसकी शुरुआत तो कर ही दी है।

लालबत्ती और सायरन के बिना वीआईपी

कल्पना कीजिए कि सड़क पर कोई वीआईपी जा रहा हो और यातायात सामान्य रूप से चलता रहे, किसी को वीआईपी के आने-जाने का पता भी न चले। दिल्ली के भावी मुख्यमंत्री अरविंद केजरीवाल ने अपनी पार्टी के घोषणापत्र के अनुरूप ऐलान किया है कि उनका कोई विधायक या मंत्री लालबत्ती का इस्तेमाल नहीं करेगा। 'आप' की घोषणा हाल में आए सुप्रीम कोर्ट के उस आदेश के निकट है जिसमें उसने कहा है कि केवल उच्च संवैधानिक पदों पर बैठे व्यक्ति की गाड़ियों पर ही लालबत्ती का प्रयोग होना चाहिए। दिल्ली के विधायकों को पहले से ही लालबत्ती नहीं मिली है, किंतु प्रावधान के विपरीत फ्लैशर वाली लालबत्ती और सायरन लगाकर घूमने की बातें सामने आती रहती हैं। यूपी में तो न्यायालय के आदेशों के विपरीत ये सारी चीजें जिले-जिले में दिखाई पड़ती हैं। दरअसल आम आदमी पार्टी की घोषणा और उसके पहले सुप्रीम कोर्ट का आदेश एक सामान्य बात लग सकता है, किंतु लोकतांत्रिक व्यवस्था में आई विकृतियों को दूर करने में इसकी अहम भूमिका हो सकती है।

गाड़ियों में किस्मत

भारतीय सत्ता प्रतिष्ठान आम जनता से अलग रहते हुए शासक के मनोविज्ञान का अभ्यस्त हो चला है। इसे रोकने के प्रयास: उस मनोविज्ञान पर एक सीमा तक चोट पहुंचाएंगे। आप इसका कितना पालन करती है, यह तो अभी भविष्य के गर्भ में है, क्योंकि वीआईपी संस्कृति

के बीच काम करते हुए उसकी भाव-भंगिमाओं से पूरी तरह मुक्त रहना आसान नहीं होता। लोकतांत्रिक व्यवस्था में ऐसी नौबत ही नहीं आनी चाहिए थी जिसमें न्यायालय को यह कहना पड़े कि केवल उच्च संवैधानिक पदों पर बैठे लोगों की गाड़ियों पर ही लाल बत्ती का इस्तेमाल हो और सायरनों का उपयोग केवल आपातकालीन सेवाओं और पुलिस द्वारा ही किया जाए। ऐसी सामान्य बातें सत्ताधारी लोगों को खुद ही समझ लेनी चाहिए। लेकिन सुप्रीम कोर्ट के आदेश के बावजूद आज कौन ट्रैफिक पुलिस वाला किसी लालबत्ती वाली गाड़ी को रोककर उस पर जुर्माना करने की हिम्मत जुटा सकता है? उसे पता है कि उसकी किस्मत इन गाड़ियों में बैठे लोगों के ही हाथ में है।

इससे पहले अपने एक अन्य आदेश में अदालत ने कहा था कि पुलिसकर्मियों को वीआईपी लोगों की सुरक्षा में लगाने के बजाय महिलाओं के लिए सड़क को सुरक्षित बनाने जैसे बेहतर उद्देश्यों में लगाया जाना चाहिए। यह टिप्पणी लालबत्ती से अलग वीआईपी सुरक्षा के विरुद्ध थी।

'आप' की सरकार यदि इस वीआईपी संस्कृति का अंत करने पर अडिग है तो इसका स्वागत होना चाहिए। ऐसा नहीं है कि इस संबंध में पहले से कोई नियम नहीं थे। केंद्र सरकार ने 11 जनवरी 2002 और 28 जुलाई 2005 को अधिसूचनाएं जारी की थीं, जिनके आधार पर राज्य सरकारों को भी अधिसूचनाएं जारी कर स्पष्ट करना था कि लालबत्ती लगाने का अधिकार किस-किस को है। इसके अनुसार राष्ट्रपति, उप-राष्ट्रपति, प्रधानमंत्री, पूर्व राष्ट्रपति, उच्चतम न्यायालय के मुख्य न्यायाधीश और अन्य न्यायाधीश, लोकसभा अध्यक्ष, कैबिनेट मंत्री, योजना आयोग के उपाध्यक्ष, पूर्व प्रधानमंत्री, राज्यसभा और लोकसभा में विपक्ष के नेता को फ्लैशर वाली लालबत्ती के उपयोग की अनुमति है। मुख्य चुनाव आयुक्त, नियंत्रक एवं महालेखा परीक्षण, लोकसभा उपाध्यक्ष, राज्यसभा के उप-सभापति, राज्यमंत्री, योजना आयोग के सदस्य, महाधिवक्ता, कैबिनेट सचिव, तीनों सेनाओं के प्रमुख, उप-मंत्री, केंद्रीय प्रशासनिक प्राधिकरण के अध्यक्ष तथा संघ लोक सेवा आयोग के अध्यक्ष को फ्लैशर के बिना लाल बत्ती का उपयोग करना

है। राज्यों में राज्यपाल एवं मुख्यमंत्री तथा केंद्रीय सूची के समकक्षों को ही लालबत्ती का उपयोग करना चाहिए। किंतु वो अधिसूचनाएं कहां गईं, किसी को पता नहीं। लालबत्ती की सूची में न जाने कितने नाम बिना अधिसूचना के शामिल हो गए हैं। जिलाधिकारी और पुलिस अधीक्षक ही नहीं, अनुमंडलाधिकारी तक लालबत्ती का उपयोग कर रहे हैं। याद करिए, न्यायालय ने जिस दिन यह आदेश दिया था, नेताओं और नौकरशाहों ने इस पर नाखुशी ज़ाहिर की थी।

26 अब नहीं चलेगी रैली व थैली

आम आदमी पार्टी की जीत में जनता की वह सोच दिखाई देती है जो अब तक चली आ रही एक ही ढर्रे की राजनीति के खिलाफ है। इस तरह की जनभावनाएं पिछले पांच-सात सालों में लगातार बढ़ती गई हैं। 'आप' ने शहरी, मिडिल क्लास और युवा भारत की सोच को साकार करने का काम किया है। दिल्ली में पिछले विधानसभा चुनावों की तुलना में 10 प्रतिशत अधिक वोट पड़ना कोई मामूली बात नहीं है। ज़ाहिर है, इसका श्रेय 'आप' को ही जाता है। आज लोगों में यह चर्चा शुरू हो चुकी है कि दिल्ली की तरह किसी मंत्री या अफसर के लालबत्ती वाली गाड़ी में न चलने की उम्मीद क्या हम यूपी., एमपी, बिहार और राजस्थान में भी कर सकते हैं? इस दिशा में कोई कारगर पहल तभी हो जाएगी जब आम आदमी पार्टी लोकसभा चुनावों में भी पूरे जोर-शोर से उतरे और देश की जनता अन्य राज्यों में भी उसको दिल्ली की ही तरह स्वीकार करे। यहां से अलग सिर्फ एक चुनौती बाकी राज्यों में 'आप' के सामने होगी। नरेन्द्र मोदी के बढ़ते प्रभाव को सामना करने की चुनौती, जो खुद भी उन्हीं जन आकांक्षाओं का परिणाम है।

यह तो है कि 'आप' के चलते स्थापित पार्टियों की कार्यप्रणाली में भी कुछ बदलाव दिखने लगे हैं। जनता की सोच केवल दिल्ली में ही नहीं, बाकी देश में भी बदली है। हालांकि इसे लेकर तुरंत किसी नतीजे पर पहुंचना जल्दबाजी होगी। पूरे देश में अपने लिए तैयार पड़ी सियासी जमीन पर वोटों की फसल आम आदमी के नेता कैसे काटते हैं।

यह तभी संभव दिखता है जब वे एकजुट होकर एक सुनियोजित रणनीति के तहत देश की जनता के सामने जाएं। असली सवाल यह है कि क्या 'आप' देश भर में तीसरे विकल्प के रूप में उभर सकती है? वैसे देखा जाए तो 'आप' का ज्यादातर प्रभाव अभी हिन्दी भाषी पट्टी में ही है। शहरी क्षेत्रों में इसके लिए काफी अच्छी संभावनाएं हैं। बीजेपी की तरह 'आप' की अपील भी दिल्ली, मुंबई, बेंगलूरु जैसे महानगरों के साथ-साथ लखनऊ, चंडीगढ़, नोएडा, गाजियाबाद जैसे शहरों पर असर डाल सकती है।

एक अद्भुत सरकार

दिल्ली विधानसभा चुनाव में दूसरे नंबर की पार्टी बनकर उभरी आम आदमी पार्टी ने तीसरे नंबर की पार्टी कांग्रेस के बाहरी समर्थन से सरकार बनाने का फैसला किया। पहले नंबर की पार्टी बीजेपी का इससे दुखी होना स्वाभाविक है लेकिन अपने दुख को कटुतापूर्ण तरीके से सार्वजनिक करना किसी के लिए भी अच्छा नहीं होता, लिहाजा बीजेपी के धीर-गंभीर नेता को इस तरह की बातें कहने से पहले सोचना चाहिए था। आम आदमी ने तो अपनी तरफ से सरकार बनाने की कसरत भी शुरू नहीं की थी। बीजेपी ने जब उप-राज्यपाल से मिलकर सरकार बनाने में अपनी असमर्थता जता दी और कांग्रेस ने 'आप' को सरकार बनाने के लिए बिना शर्त (अभी सशर्त) समर्थन की घोषणा कर दी, तो सरकार न बनाने को लेकर अड़ जाना आप की गैरज़िम्मेदारी समझी जाती। दो-तीन दिन बीजेपी और कांग्रेस, दोनों ने इस तरह के बयानों की झड़ी ही लगा दी थी। करीब हफ्ता भर के जनमत संग्रह के बाद जब आप ने सरकार बनाने की इच्छा जताई तो बीजेपी उसी सांस में इसे दिल्ली की जनता से गद्दारी और कांग्रेस के साथ उसकी सांठगांठ का नतीजा बता रही है। इस बयान से अंदाजा लगाया जा सकता है कि आम आदमी पार्टी ने अगर सरकार के मसले पर दिल्ली की राय जानने की इतनी बड़ी कोशिश न की होती तो सरकार बनाने का फैसला करने के बाद अपनी सार्वजनिक छवि को बचाए रखना आज कितना मुश्किल होता। कई राज्यों की सरकारें अपने चुनावी वादे पूरे करने के नाम पर

लैपटॉप, रंगीन टीवी या सोने का मंगलसूत्र बांट रही हैं। इनके मुकाबले आप की सरकार के लिए दिल्ली के हर परिवार को रोजाना 700 लीटर पानी देना और बिजली की कीमत आधी करना भले ही कितना भी मुश्किल और खर्चीला लगे, लेकिन यूपी और तमिलनाडु के ऊल-जलूल टोटकों से तो यह हर हाल में बेहतर और तार्किक कदम साबित होगा। बहरहाल, इससे पहले न सिर्फ दिल्ली बल्कि पूरे देश में लोग अरविंद केजरीवाल के नेतृत्व में बनने वाली सरकार से कुछ प्रतीकात्मक कदमों की उम्मीद लगाए हुए हैं, जिन पर एक भी पैसे का खर्चा नहीं आने वाला है। लोग लोकतांत्रिक सत्ता प्रणाली के नाम पर अपने जनप्रतिनिधियों की अंधेरगर्दी देख-देख कर पूरी तरह थक चुके हैं। उनका विधायक उनके साथ बस में सफर करे, उनका मंत्री उनके साथ चाय की दुकान पर खड़ा होकर उनका दुख-सुख सुने, यह ऐसी चीज है जो लोगों को बड़ी से बड़ी सुविधाहीनता भी आराम से झेल जाने के लिए तैयार कर सकती है। दुर्भाग्यवश, एक-दो सुखद अपवादों को छोड़कर सत्ता की राजनीति करने वाले देश के सारे राजनेता, चाहे उनका जुड़ाव किसी भी पार्टी से क्यों न हो, अपनी राजनीतिक शक्ति को अपनी निजी ताकत की तरह बरतने लगे हैं और इसका इस्तेमाल लोगों को नीचा, तुच्छ, नगण्य दिखाने में कर रहे हैं। जरूरत है हजारों बुरी मिसालों के सामने दो-चार अच्छी मिसालें पेश करने की। ऐसा हुआ तो आने वाले कुछ महीनों में देश का राजनीतिक व्याकरण बदल सकता है।

27 रिश्वतखोरों के खिलाफ नई हेल्पलाइन जारी

रिश्वतखोरों पर लगाम कसने के लिए नई हेल्पलाइन जारी करने का वादा मुख्यमंत्री अरविंद केजरीवाल ने 9.11.2013 पूरा कर दिया है। बुधवार को उन्होंने एंटी करप्शन हेल्पलाइन नंबर 011-2735-7169 जारी किया। हालांकि इस नंबर पर लोग अपनी शिकायतें दर्ज नहीं करा सकेंगे। हेल्पलाइन पर एडवाइजर बताएगा कि रिश्वत मांगने वाले अधिकारी-कर्मचारियों का स्टिंग ऑपरेशन आप कैसे कर सकते हैं। मुख्यमंत्री ने रिश्वतखोरी का भंडाफोड़ होने के 24 घंटे के भीतर कार्रवाई करने का वादा किया है।

केजरीवाल ने कहा कि भ्रष्टाचार के खिलाफ अभियान में अब जनता ही इंस्पेक्टर होगी और उनका हथियार होगा मोबाइल। इस हेल्पलाइन को शुरू करने का मकसद रिश्वत मांगने वालों में खौफ पैदा करना है। यह हेल्पलासइन सुबह 8 बजे से लेकर रात 12 बजे तक काम करेगी। ऑडियो और विडियो सबूत मिल जाने के बाद एंटी करप्शन विभाग की टीमें जाल बिछाकर रिश्वतखोरों को पकड़ेंगी। इसके लिए पर्याप्त टीमें लगाई गई हैं। दिल्ली पुलिस की भी मदद ली जाएगी। उन्होंने कहा कि अभी जारी यह नंबर याद रखने में थोड़ा मुश्किल है लेकिन 4-5 दिन में चार डिजिट वाला नंबर जारी किया जाएगा। उसके बाद दोनों नंबर काम करेंगे। इस हेल्पलाइन का पूरे शहर में प्रचार किया जाएगा और होर्डिंग्स लगाए जाएंगे।

मुख्यमंत्री ने बताया कि अगर कोई अधिकारी काम करने के बदले रिश्वत मांगता है तो इस हेल्पलाइन पर फोन मिलाएं। आपका नाम, मोबाइल नंबर और पूरी बात रेकॉर्ड की जाएगी। एडवाइजर हर केस को सुनकर उसके हिसाब से बताएगा कि आप रिश्वत मांगने वाले अधिकारी

का स्टिंग किस तरह करें, मोबाइल के जरिए कैसे ऑडियो और विडियो बनाएं। इसे आपका पहला सबूत माना जाएगा। इस रिकॉर्डिंग को लेकर एंटी करप्शन डिपार्टमेंट के ऑफिस आएं। विभाग के अधिकारी रिश्वत मांगने वाले अफसर के खिलाफ जाल बिछाएंगे और रंगेहाथ पकड़ेंगे।

स्टिंग ऑपरेशन के लिए पब्लिक तैयार

करप्शन पर बनी हेल्पलाइन पर पब्लिक के रेस्पांस से मुख्यमंत्री अरविंद केजरीवाल गदगद हैं। उन्होंने बताया कि कुछ मामलों में एंटी करप्शन ब्रांच की टीमों ने ट्रैप लगाकर एक्शन लेना शुरू भी कर दिया है।

केजरीवाल का कहना था कि पहले दिन हेल्पलाइन पर कॉल्स का लोड इतना ज्यादा रहा कि बहुत सी कॉल अटैंड नहीं की जा सकीं। लोगों के रिस्पॉन्स का अंदाजा इसी से लगाया जा सकता है कि सुबह हेल्पलाइन शुरू होने के पहले एक घंटे में ही 1200 से ज्यादा कॉल्स आ गईं। इसे देखते हुए फोन लाइनों और कॉल अटेंड करने वालों की संख्या डेढ़ गुना करनी पड़ी। इसके बावजूद दोपहर तक हेल्पलाइन पर खासा लोड रहा। हालांकि उन्होंने यह नहीं बताया कि हेल्पलाइन पर किन विभागों के खिलाफ किस तरह सकी शिकायतें आ रही हैं।

सीएम ने बताया कि कुछ लोगों ने तो पहले ही स्टिंग कर लिए थे। एंटी करप्शन ब्रांच के अधिकारियों का कहना है कि लोगों ने इतनी बढ़िया और क्लियर क्वॉलिटी के स्टिंग किए हैं कि एक्शन लेने में कोई दिक्कत नहीं आएगी। केजरीवाल ने कहा कि सरकार ने आम लोगों के हाथों में ऐसा हथियार दिया है, जिससे हर आदमी एंटी करप्शन इंस्पेक्टर बन गया है। जल्द ही इसके अच्छे नतीजे दिखेंगे।

परिशिष्ट – I

4 दिसम्बर 2013 को हुए दिल्ली विधानसभा के चुनाव में इस बार आम आदमी पार्टी या कहें 'आप' को अप्रत्याशित सीटें प्राप्त हुईं। इनका सिलसिलेवार विवरण नीचे दिया गया है-

विधायकों के नाम	निर्वाचन क्षेत्र के नाम
1. श्री अशोक कुमार चौहान	अम्बेडकर नगर
2. श्री संजीव झा	बुराड़ी
3. श्री सुरेन्द्र सिंह	दिल्ली कैन्ट
4. श्री प्रकाश जरवाल	देवली
5. श्री सौरभ भारद्वाज	ग्रेटर कैलाश
6. श्री जगदीप सिंह	हरीनगर
7. श्री मनिंदर सिंह धीर	जंगपुरा
8. श्री विशेष रवी	करोलबाग
9. श्री मदन लाल	कस्तूरबा नगर
10. श्री मनोज कुमार	कोंडली
11. श्री विनोद कुमार बिन्नी	लक्ष्मी नगर
12. श्री गिरीश सोनी	मादीपुर
13. श्री सोमनाथ भारती	मालवीय नगर
14. सुश्री राखी बिड़ला	मंगोलपुरी
15. श्री अखिलेश त्रिपाठी	मॉडल टाउन
16. श्री अरविंद केजरीवाल	नई दिल्ली
17. सुश्री वीना आनंद	पटेल नगर
18. श्री राजेश गर्ग	रोहिणी
19. श्री सोम दत्त	सदर बाजार
20. श्री दिनेश मोहनिया	संगम विहार
21. श्री धर्मेन्द्र सिंह	सीमापुरी

22. श्री सत्येन्द्र कुमार जैन	शकूर बस्ती
23. सुश्री वंदना कुमारी	शालीमार बाग
24. श्री जरनैल सिंह	तिलक नगर
25. श्री हरीश खन्ना	तिमारपुर
26. श्री राजू ढिंगम	त्रिलोकपुरी
27. श्री महेन्द्र यादव	विकासपुरी
28. श्री मनीष सिसोदिया	पटपड़गंज

विधानसभा अध्यक्ष (स्पीकर) - एम.एस.धीर
प्रोटेम - स्पीकर – मतीन अहमद

परिशिष्ट – II

अरविंद केजरीवाल का मंत्रिमंडल

अरविंद केजरीवाल के मंत्रिमण्डल का विस्तारपूर्वक विवरण इस प्रकार है-

1. **अरविंद केजरीवाल-** यह वह शख्सियत हैं जो आज किसी परिचय के मोहताज नहीं हैं। दिल्ली के मुख्यमंत्री अरविंद केजरीवाल ने गृह, वित्त, विजिलेंस, सेवा, योजना, ऊर्जा तथा अन्य कई मंत्रालयों का पदभार अपने पास रखा है।
2. **मनीष सिसोदिया-** जन लोकपाल आंदोलन के एक मुख्य स्तम्भ मनीष सिसोदिया एक पत्रकार के रूप में जी न्यूज़ और ऑल इंडिया रेडियो से जुड़े रहे हैं। सूचना के अधिकार को क्रियान्वित करवाने के लिए इन्होंने पत्रकारिता के क्षेत्र को छोड़ा। अरविन्द केजरीवाल मंत्रिमंडल में मनीष सिसोदिया को शिक्षा, उच्च शिक्षा, लोक निर्माण मंत्रालय, शहरी विकास, भूमि एवं निर्माण मंत्रालय तथा राजस्व मंत्रालय का कार्यभार सौंपा गया है।
3. **सोमनाथ भारती-** आई.आई.टी. से स्नातकोत्तर एवं पेशे से एक वकील सोमनाथ भारती को पहचान तब मिली जब उन्होंने दिल्ली पुलिस द्वारा एक गैंगरेप में निर्दोष लोगों को अभियुक्त बनाने के खिलाफ मुहिम छेड़ी और उन्हें यथोचित्त न्याय दिलाया। दिल्ली सरकार में इन्हें प्रशासनिक सुधार, कानून, पर्यटन तथा कला एवं सांस्कृतिक मंत्रालय की जिम्मेदारी दी गई है।

4. सत्येन्द्र कुमार जैन- जन लोकपाल आन्दोलन में मुख्य रूप से क्रियाशील रहे सत्येन्द्र जैन पेशे से एक आर्किटेक्ट हैं। ये सीपीडब्लूडी में कार्य करते थे। विभाग में चल रहे भ्रष्टाचार के कारण इन्होंने अपनी नौकरी छोड़ दी। दिल्ली सरकार में इन्हें स्वास्थ्य, उद्योग एवं गुरद्वारा मंत्रालय की जिम्मेदारी सौंपी गई है।

5. सौरभ भारद्वाज- पेशे से एक इन्जीनियर सौरभ भारद्वाज का नजरिया जिन्दगी की तरफ से तब बदल गया जब उन्होंने एक नाबलिग के साथ हुए बलात्कार की खबर सुनी। इन्होंने पीड़ित को न्याय दिलवाने के लिए एक कानूनी मुहिम छेड़ दी। बाद में खुद वकालत की डिग्री हासिल कर ऐसे पीड़ितों की सहायता करनी शुरू कर दी। केजरीवाल मंत्रिमंडल में इन्हें खाद्य एवं आपूर्ति परिवहन, पर्यावरण, निर्वाचन विभाग की जिम्मेदारी दी गई है।

6. गिरीश सोनी- आम आदमी पार्टी के निर्माण में गिरीश सोनी की एक अहम भूमिका रही है। इन्होंने आम आदमी पार्टी द्वारा छेड़े गए बिजली पानी आंदोलन में एक योद्धा की भूमिका निभाई। इन्हें दिल्ली सरकार में अनुसूचित जाति एवं जनजाति, रोजगार विकास, श्रम मंत्रालय का पदभार दिया गया है।

7. राखी बिड़ला- मंगोलपुरी निर्वाचन क्षेत्र से निर्वाचित विधायक राखी बिड़ला को दिल्ली सरकार में स्त्री एवं बाल, सामाजिक कल्याण एवं भाषा मंत्रालय की जिम्मेदारी दी गई है।